Ivan Koesjnir

Economie van Monaco

Serie "Economie in landen"

eerst gepubliceerd: 2021
laatst bijgewerkt: 2021-02-02

Ivan Koesjnir. Economie van Monaco. Serie "Economie in landen". - 2021. - 64 pages.

Dit boek over de economie van Monaco van de jaren 1970 tot de jaren 2010. Brongegevens uit UN Data.

Grootte. In de jaren 2010 was het bruto binnenlands product van Monaco gelijk aan US$6,5 miljard per jaar; de waarde van de industrie was US$307,8 miljoen. Aangezien het aandeel in de wereld minder dan 0,01% bedraagt, wordt het land geclassificeerd als een zeer kleine economie.

Productiviteit. In de jaren 2010 bedroeg het bruto binnenlands product per hoofd van de bevolking $172.598,4, de waarde van de industrie per hoofd $8.226,2. Omdat de productiviteit hoger is dan het gemiddelde, wordt de economie geclassificeerd als hoog ontwikkeld.

Groei. In de jaren 2010 bedroeg de groei van het bruto binnenlands product 4,5%; de groei van de industrie was -0,85%.

Structuur. In de jaren 2010 omvatte de economie van Monaco: diensten (54,3%), handel (22,9%), bouw (9,2%), transport (8,8%) en industrie (4,8%).

Uitvoer en invoer. In de jaren 2010 was de invoer 3,6% hoger dan de uitvoer, de netto-invoer was gelijk aan 1,1% van het BBP.

Consumptie en reproductie. De houding van reproductie ten opzichte van de consumptie is niet beter dan het mondiale gemiddelde, dus het aandeel van het BBP in de wereld zal niet toenemen.

Serie "Economie in landen": parallel.page.link/nl

ISBN: 9798701889369

Inhoud

Part I. Grootte

Hoofdstuk I. Bruto binnenlands product

Het bruto binnenlands product van Monaco steeg van US$637,7 miljoen per jaar in de jaren 1970 tot US$6,5 miljard per jaar in de jaren 2010, dat wil zeggen met US$5,8 miljard of 10,1 keer. De verandering vond plaats op US$4,7 miljard als gevolg van een 3,6-voudige stijging van de prijzen, en ook op US$818,6 miljoen als gevolg van een 1,9-voudige toename van de productiviteit , evenals op US$318,4 miljoen als gevolg van de toename van de bevolking. De gemiddelde jaarlijkse groei van het BBP is 2,9%. De minimumwaarde van het BBP bedroeg US$284,1 miljoen in 1970. De maximumwaarde van het bruto binnenlands product bedroeg US$7,4 miljard in 2019.

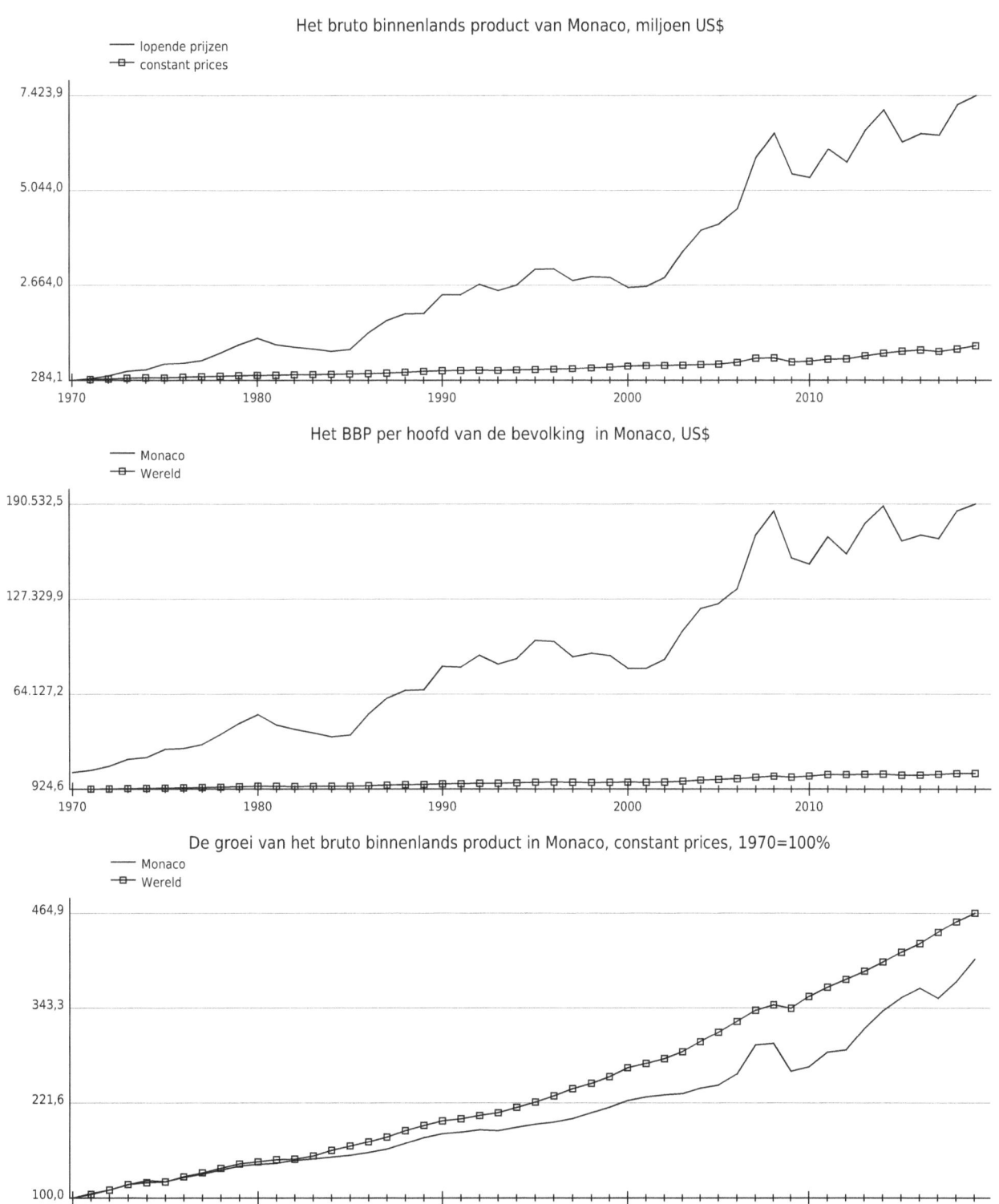

de jaren 1970

Het bruto binnenlands product van Monaco bedroeg in de jaren 1970 US$637,7 miljoen per jaar, stond op de 128e plaats in de wereld, en was vergelijkbaar met Guyana (US$634,9 miljoen), Mauritius (US$631,7 miljoen), Benin (US$644,7 miljoen). Het aandeel in de wereld was 0,0097%, en 0,024% in Europa.

Het bruto binnenlands product van Monaco bestond uit: huishoudelijke uitgaven (54,2%), kapitaalvorming (26,1%) en overheidsuitgaven (19,3%).

Het BBP per hoofd in Monaco was $25.554,6 in de jaren 1970s, stond op de 1e plaats in de wereld, en was vergelijkbaar met de Verenigde Arabische Emiraten (US$25,2 duizend). Het BBP per hoofd in Monaco was in 15,8 keer hoger dan het bruto binnenlands product per hoofd van de bevolking in de wereld ($1.620,8), en was in 6,9 keer hoger dan het bruto binnenlands product per hoofd van de bevolking in Europa ($1.620,8).

De groei van het bruto binnenlands product in Monaco bedroeg 3.9% in de jaren 1970, stond op de 101e plaats in de wereld, en was vergelijkbaar met Oostenrijk (3,8%), San Marino (3,8%), Italië (3,8%). De groei van het BBP in Monaco (3,9%) was minder dan de groei van het bruto binnenlands product in de wereld (4,1%), was groter dan de groei van het bruto binnenlands product in Europa (3,6%).

Vergelijking met buren. Het bruto binnenlands product van Monaco was minder dan in Frankrijk (US$333,2 miljard) en in Italië (US$217,7 miljard). Het bruto binnenlands product per hoofd in Monaco was groter dan in Frankrijk (US$6,2 duizend) en in Italië (US$4,0 duizend). De groei van het BBP in Monaco was groter dan in Frankrijk (3,9%) en in Italië (3,8%).

Vergelijking met leiders. Het bruto binnenlands product van Monaco was minder dan in de Verenigde Staten (US$1,7 biljoen), in de Sovjet-Unie (US$649,4 miljard), in Japan (US$558,0 miljard), in Duitsland (US$484,2 miljard) en in Frankrijk (US$333,2 miljard). Het bruto binnenlands product per hoofd in Monaco was groter dan in de Verenigde Staten (US$7,8 duizend), in Frankrijk (US$6,2 duizend), in Duitsland (US$6,1 duizend), in Japan (US$5,0 duizend) en in de Sovjet-Unie (US$2,6 duizend). De groei van het BBP in Monaco was groter dan in Frankrijk (3,9%), in de Verenigde Staten (3,5%) en in Duitsland (3,1%); maar minder dan in de Sovjet-Unie (4,8%) en in Japan (4,6%).

de jaren 1980

Het bruto binnenlands product van Monaco bedroeg in de jaren 1980 US$1,4 miljard per jaar, stond op de 129e plaats in de wereld, en was vergelijkbaar met Bermuda (US$1,4 miljard), Benin (US$1,4 miljard). Het aandeel in de wereld was 0,0092%, en 0,026% in Europa.

Het bruto binnenlands product van Monaco bestond uit: huishoudelijke uitgaven (55,9%), kapitaalvorming (23,0%) en overheidsuitgaven (21,9%).

Het bruto binnenlands product per hoofd in Monaco was $49.210,3 in de jaren 1980s, stond op de 1e plaats in de wereld. Het bruto binnenlands product per hoofd in Monaco was in 15,8 keer hoger dan het bruto binnenlands product per hoofd van de bevolking in de wereld ($3.123,4), en was in 7,0 keer hoger dan het bruto binnenlands product per hoofd van de bevolking in Europa ($3.123,4).

De groei van het bruto binnenlands product in Monaco bedroeg 2.3% in de jaren 1980, stond op de 111e plaats in de wereld, en was vergelijkbaar met Tanzania (2,3%), Frankrijk (2,3%), Senegal (2,4%). De groei van het BBP in Monaco (2,3%) was minder dan de groei van het BBP in de wereld (3,0%), was minder dan de groei van het BBP in Europa (2,5%).

Vergelijking met buren. Het bruto binnenlands product van Monaco was minder dan in Frankrijk (US$729,5 miljard) en in Italië (US$593,5 miljard). Het BBP per hoofd in Monaco was groter dan in Frankrijk (US$12,9 duizend) en in Italië (US$10,4 duizend). De groei van het BBP in Monaco was minder dan in Italië (2,5%) en in Frankrijk (2,3%).

Vergelijking met leiders. Het BBP van Monaco was minder dan in de Verenigde Staten (US$4,2 biljoen), in Japan (US$1,8 biljoen), in Duitsland (US$990,0 miljard), in de Sovjet-Unie (US$887,0 miljard) en in Frankrijk (US$729,5 miljard). Het BBP per hoofd in Monaco was groter dan in de Verenigde Staten (US$17,4 duizend), in Japan (US$15,0 duizend), in Frankrijk (US$12,9 duizend), in Duitsland (US$12,7 duizend) en in de Sovjet-Unie (US$3,2 duizend). De groei van het bruto binnenlands product in Monaco was groter dan in Duitsland (1,9%); maar minder dan in de Sovjet-Unie (4,3%), in Japan (4,3%), in de Verenigde Staten (3,1%) en in Frankrijk (2,3%).

de jaren 1990

Het BBP van Monaco bedroeg in de jaren 1990 US$2,7 miljard per jaar, stond op de 142e plaats in de wereld, en was vergelijkbaar met Turkmenistan (US$2,8 miljard), Moldavië (US$2,7 miljard), Niger (US$2,8 miljard). Het aandeel in de wereld was 0,0096%, en 0,028% in

Europa.

Het BBP van Monaco bestond uit: huishoudelijke uitgaven (54,7%), overheidsuitgaven (22,7%), kapitaalvorming (21,1%) en netto-uitvoer (1,5%).

Het BBP per hoofd in Monaco was $89.544,0 in de jaren 1990s, stond op de 1e plaats in de wereld. Het bruto binnenlands product per hoofd in Monaco was in 17,8 keer hoger dan het bruto binnenlands product per hoofd van de bevolking in de wereld ($5.020,1), en was in 6,6 keer hoger dan het bruto binnenlands product per hoofd van de bevolking in Europa ($5.020,1).

De groei van het bruto binnenlands product in Monaco bedroeg 2% in de jaren 1990, stond op de 134e plaats in de wereld, en was vergelijkbaar met Polen (2,0%), Tonga (2,0%), Frankrijk (2,0%). De groei van het BBP in Monaco (2,0%) was minder dan de groei van het BBP in de wereld (2,8%), was groter dan de groei van het BBP in Europa (1,4%).

Vergelijking met buren. Het BBP van Monaco was minder dan in Frankrijk (US$1,4 biljoen) en in Italië (US$1,2 biljoen). Het BBP per hoofd in Monaco was groter dan in Frankrijk (US$24,1 duizend) en in Italië (US$21,3 duizend). De groei van het BBP in Monaco was groter dan in Frankrijk (2,0%) en in Italië (1,5%).

Vergelijking met leiders. Het bruto binnenlands product van Monaco was minder dan in de Verenigde Staten (US$7,6 biljoen), in Japan (US$4,3 biljoen), in Duitsland (US$2,2 biljoen), in Frankrijk (US$1,4 biljoen) en in het Verenigd Koninkrijk (US$1,3 biljoen). Het bruto binnenlands product per hoofd in Monaco was groter dan in Japan (US$34,3 duizend), in de Verenigde Staten (US$28,7 duizend), in Duitsland (US$27,0 duizend), in Frankrijk (US$24,1 duizend) en in het Verenigd Koninkrijk (US$22,9 duizend). De groei van het bruto binnenlands product in Monaco was groter dan in Frankrijk (2,0%) en in Japan (1,5%); maar minder dan in de Verenigde Staten (3,2%), in het Verenigd Koninkrijk (2,3%) en in Duitsland (2,2%).

de jaren 2000

Het BBP van Monaco bedroeg in de jaren 2000 US$4,2 miljard per jaar, stond op de 147e plaats in de wereld. Het aandeel in de wereld was 0,0091%, en 0,027% in Europa.

Het BBP van Monaco bestond uit: huishoudelijke uitgaven (54,4%), overheidsuitgaven (22,9%) en kapitaalvorming (22,6%).

Het bruto binnenlands product per hoofd in Monaco was $125.488,9 in de jaren 2000s, stond op de 1e plaats in de wereld. Het bruto binnenlands product per hoofd in Monaco was in 17,5 keer hoger dan het bruto binnenlands product per hoofd van de bevolking in de wereld ($7.176,3), en was in 5,9 keer hoger dan het bruto binnenlands product per hoofd van de bevolking in Europa ($7.176,3).

De groei van het bruto binnenlands product in Monaco bedroeg 1.9% in de jaren 2000, stond op de 167e plaats in de wereld, en was vergelijkbaar met El Salvador (2,0%). De groei van het BBP in Monaco (1,9%) was minder dan de groei van het bruto binnenlands product in de wereld (3,0%), was groter dan de groei van het BBP in Europa (1,8%).

Vergelijking met buren. Het BBP van Monaco was minder dan in Frankrijk (US$2,1 biljoen) en in Italië (US$1,8 biljoen). Het bruto binnenlands product per hoofd in Monaco was groter dan in Frankrijk (US$33,4 duizend) en in Italië (US$30,3 duizend). De groei van het BBP in Monaco was groter dan in Frankrijk (1,4%) en in Italië (0,51%).

Vergelijking met leiders. Het BBP van Monaco was minder dan in de Verenigde Staten (US$12,6 biljoen), in Japan (US$4,7 biljoen), in Duitsland (US$2,8 biljoen), in China (US$2,6 biljoen) en in het Verenigd Koninkrijk (US$2,3 biljoen). Het bruto binnenlands product per hoofd in Monaco was groter dan in de Verenigde Staten (US$42,8 duizend), in het Verenigd Koninkrijk (US$38,4 duizend), in Japan (US$36,4 duizend), in Duitsland (US$34,0 duizend) en in China (US$1.954,1). De groei van het BBP in Monaco was groter dan in de Verenigde Staten (1,9%), in het Verenigd Koninkrijk (1,7%), in Duitsland (0,73%) en in Japan (0,50%); maar minder dan in China (10,3%).

de jaren 2010

Het bruto binnenlands product van Monaco bedroeg in de jaren 2010 US$6,5 miljard per jaar, stond op de 156e plaats in de wereld, en was vergelijkbaar met Malawi (US$6,5 miljard), Liechtenstein (US$6,4 miljard). Het aandeel in de wereld was 0,0083%, en 0,031% in Europa.

Het BBP van Monaco bestond uit: huishoudelijke uitgaven (54,4%), overheidsuitgaven (23,7%) en kapitaalvorming (23,0%).

Het BBP per hoofd in Monaco was $172.598,4 in de jaren 2010s, stond op de 1e plaats in de wereld, en was vergelijkbaar met Liechtenstein (US$171,2 duizend). Het bruto binnenlands product per hoofd in Monaco was in 16,3 keer hoger dan het bruto binnenlands product per hoofd van de bevolking in de wereld ($10.603,1), en was in 6,1 keer hoger dan het bruto binnenlands product per hoofd van de bevolking in Europa ($10.603,1).

De groei van het bruto binnenlands product in Monaco bedroeg 4.5% in de jaren 2010, stond op de 59e plaats in de wereld, en was vergelijkbaar met Armenië (4,4%), Kazachstan (4,5%), Peru (4,5%). De groei van het bruto binnenlands product in Monaco (4,5%) was groter dan de groei van het bruto binnenlands product in de wereld (3,1%), was groter dan de groei van het BBP in Europa (1,6%).

Vergelijking met buren. Het bruto binnenlands product van Monaco was 415,9 keer minder dan in Frankrijk (US$2,7 biljoen) en 318,7 keer minder dan in Italië (US$2,1 biljoen). Het BBP per hoofd in Monaco was 4,3 keer groter dan in Frankrijk (US$40,5 duizend) en 5,1 keer groter dan in Italië (US$34,2 duizend). De groei van het bruto binnenlands product in Monaco was groter dan in Frankrijk (1,4%) en in Italië (0,25%).

Vergelijking met leiders. Het BBP van Monaco was 2.781,4 keer minder dan in de Verenigde Staten (US$18,0 biljoen), 1.626,9 keer minder dan in China (US$10,5 biljoen), 809,6 keer minder dan in Japan (US$5,2 biljoen), 567,0 keer minder dan in Duitsland (US$3,7 biljoen) en 428,4 keer minder dan in het Verenigd Koninkrijk (US$2,8 biljoen). Het BBP per hoofd in Monaco was 3,1 keer groter dan in de Verenigde Staten (US$56,2 duizend), 3,9 keer groter dan in Duitsland (US$44,7 duizend), 4,1 keer groter dan in het Verenigd Koninkrijk (US$42,2 duizend), 4,2 keer groter dan in Japan (US$40,9 duizend) en 23,0 keer groter dan in China (US$7,5 duizend). De groei van het bruto binnenlands product in Monaco was groter dan in de Verenigde Staten (2,3%), in Duitsland (1,9%), in het Verenigd Koninkrijk (1,8%) en in Japan (1,3%); maar minder dan in China (7,7%).

Hoofdstuk II. Toegevoegde waarde

De toegevoegde waarde van Monaco steeg van US$648,9 miljoen per jaar in de jaren 1970 tot US$6,5 miljard per jaar in de jaren 2010, dat wil zeggen met US$5,8 miljard of 10,0 keer. De verandering vond plaats op US$4,7 miljard als gevolg van een 3,7-voudige stijging van de prijzen, en ook op US$773,5 miljoen als gevolg van een 1,8-voudige toename van de productiviteit , evenals op US$324,0 miljoen als gevolg van de toename van de bevolking. De gemiddelde jaarlijkse groei van de toegevoegde waarde is 2,8%. De minimumwaarde van de toegevoegde waarde bedroeg US$289,1 miljoen in 1970. De maximumwaarde van de toegevoegde waarde bedroeg US$7,4 miljard in 2019.

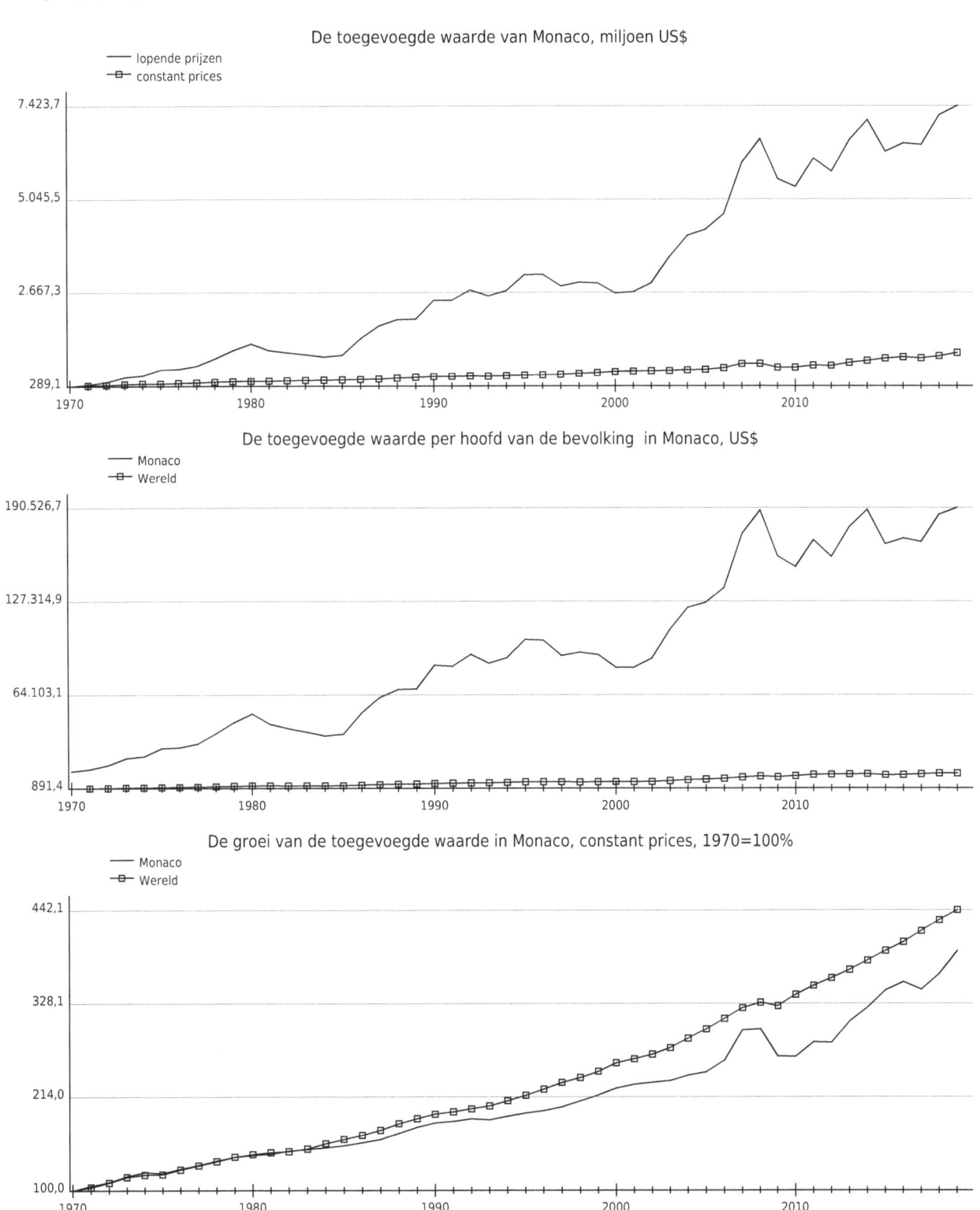

De toegevoegde waarde van Monaco, miljoen US$

De toegevoegde waarde per hoofd van de bevolking in Monaco, US$

De groei van de toegevoegde waarde in Monaco, constant prices, 1970=100%

de jaren 1970

De toegevoegde waarde van Monaco bedroeg in de jaren 1970 US$648,9 miljoen per jaar, stond op de 125e plaats in de wereld, en was vergelijkbaar met Sierra Leone (US$664,2 miljoen). Het aandeel in de wereld was 0,010%, en 0,026% in Europa.

De totale toegevoegde waarde van Monaco bestond uit: handel (39,9%), diensten (37,8%), vervoer (9,4%), bouw (6,7%) en industrie (6,1%).

De toegevoegde waarde per hoofd in Monaco was $26.002,7 in de jaren 1970s, stond op de 1e plaats in de wereld. De toegevoegde waarde per hoofd in Monaco was in 16,6 keer hoger dan de toegevoegde waarde per hoofd van de bevolking in de wereld ($1.564,4), en was in 7,4 keer hoger dan de toegevoegde waarde per hoofd van de bevolking in Europa ($1.564,4).

De groei van de toegevoegde waarde in Monaco bedroeg 3.9% in de jaren 1970, stond op de 105e plaats in de wereld, en was vergelijkbaar met Anguilla (3,8%), San Marino (3,8%), Mozambique (3,9%). De groei van de toegevoegde waarde in Monaco (3,9%) was minder dan de groei van de toegevoegde waarde in de wereld (3,9%), was groter dan de groei van de toegevoegde waarde in Europa (3,4%).

Vergelijking met buren. De toegevoegde waarde van Monaco was minder dan in Frankrijk (US$297,3 miljard) en in Italië (US$204,0 miljard). De toegevoegde waarde per hoofd in Monaco was groter dan in Frankrijk (US$5,5 duizend) en in Italië (US$3,7 duizend). De groei van de toegevoegde waarde in Monaco was groter dan in Frankrijk (3,7%) en in Italië (3,5%).

Vergelijking met leiders. De toegevoegde waarde van Monaco was minder dan in de Verenigde Staten (US$1,7 biljoen), in de Sovjet-Unie (US$649,4 miljard), in Japan (US$545,3 miljard), in Duitsland (US$444,9 miljard) en in Frankrijk (US$297,3 miljard). De toegevoegde waarde per hoofd in Monaco was groter dan in de Verenigde Staten (US$7,8 duizend), in Duitsland (US$5,7 duizend), in Frankrijk (US$5,5 duizend), in Japan (US$4,9 duizend) en in de Sovjet-Unie (US$2,6 duizend). De groei van de toegevoegde waarde in Monaco was groter dan in Frankrijk (3,7%), in Duitsland (3,1%) en in de Verenigde Staten (2,9%); maar minder dan in Japan (4,9%) en in de Sovjet-Unie (4,8%).

de jaren 1980

De toegevoegde waarde van Monaco bedroeg in de jaren 1980 US$1,4 miljard per jaar, stond op de 123e plaats in de wereld, en was vergelijkbaar met Bermuda (US$1,4 miljard), Barbados (US$1,4 miljard), Malta (US$1,4 miljard). Het aandeel in de wereld was 0,0097%, en 0,028% in Europa.

De totale toegevoegde waarde van Monaco bestond uit: handel (39,9%), diensten (37,8%), vervoer (9,4%), bouw (6,7%) en industrie (6,1%).

De toegevoegde waarde per hoofd in Monaco was $50.073,2 in de jaren 1980s, stond op de 1e plaats in de wereld. De toegevoegde waarde per hoofd in Monaco was in 16,5 keer hoger dan de toegevoegde waarde per hoofd van de bevolking in de wereld ($3.029,9), en was in 7,5 keer hoger dan de toegevoegde waarde per hoofd van de bevolking in Europa ($3.029,9).

De groei van de toegevoegde waarde in Monaco bedroeg 2.3% in de jaren 1980, stond op de 115e plaats in de wereld, en was vergelijkbaar met Mexico (2,3%), Centraal-Afrika (2,4%). De groei van de toegevoegde waarde in Monaco (2,3%) was minder dan de groei van de toegevoegde waarde in de wereld (2,9%), was minder dan de groei van de toegevoegde waarde in Europa (2,6%).

Vergelijking met buren. De toegevoegde waarde van Monaco was minder dan in Frankrijk (US$650,9 miljard) en in Italië (US$554,1 miljard). De toegevoegde waarde per hoofd in Monaco was groter dan in Frankrijk (US$11,5 duizend) en in Italië (US$9,8 duizend). De groei van de toegevoegde waarde in Monaco was groter dan in Frankrijk (2,2%); maar minder dan in Italië (2,7%).

Vergelijking met leiders. De toegevoegde waarde van Monaco was minder dan in de Verenigde Staten (US$4,2 biljoen), in Japan (US$1,8 biljoen), in Duitsland (US$907,0 miljard), in de Sovjet-Unie (US$887,0 miljard) en in Frankrijk (US$650,9 miljard). De toegevoegde waarde per hoofd in Monaco was groter dan in de Verenigde Staten (US$17,4 duizend), in Japan (US$14,8 duizend), in Duitsland (US$11,6 duizend), in Frankrijk (US$11,5 duizend) en in de Sovjet-Unie (US$3,2 duizend). De groei van de toegevoegde waarde in Monaco was groter dan in Frankrijk (2,2%) en in Duitsland (2,0%); maar minder dan in de Sovjet-Unie (4,3%), in Japan (4,2%) en in de Verenigde Staten (2,8%).

de jaren 1990

De toegevoegde waarde van Monaco bedroeg in de jaren 1990 US$2,8 miljard per jaar, stond op de 139e plaats in de wereld, en was vergelijkbaar met Haïti (US$2,8 miljard), Niger (US$2,8 miljard), Afghanistan (US$2,8 miljard). Het aandeel in de wereld was 0,010%, en 0,031% in Europa.

De totale toegevoegde waarde van Monaco bestond uit: handel (39,9%), diensten (37,8%), transport (9,4%), bouw (6,7%) en industrie (6,1%).

De toegevoegde waarde per hoofd in Monaco was $91.114,1 in de jaren 1990s, stond op de 1e plaats in de wereld. De toegevoegde waarde per hoofd in Monaco was in 19,0 keer hoger dan de toegevoegde waarde per hoofd van de bevolking in de wereld ($4.799,9), en was in 7,4 keer hoger dan de toegevoegde waarde per hoofd van de bevolking in Europa ($4.799,9).

De groei van de toegevoegde waarde in Monaco bedroeg 2% in de jaren 1990, stond op de 134e plaats in de wereld, en was vergelijkbaar met Paraguay (2,0%). De groei van de toegevoegde waarde in Monaco (2,0%) was minder dan de groei van de toegevoegde waarde in de wereld (2,7%), was groter dan de groei van de toegevoegde waarde in Europa (1,3%).

Vergelijking met buren. De toegevoegde waarde van Monaco was minder dan in Frankrijk (US$1,3 biljoen) en in Italië (US$1,1 biljoen). De toegevoegde waarde per hoofd in Monaco was groter dan in Frankrijk (US$21,6 duizend) en in Italië (US$19,3 duizend). De groei van de toegevoegde waarde in Monaco was groter dan in Frankrijk (1,8%) en in Italië (1,3%).

Vergelijking met leiders. De toegevoegde waarde van Monaco was minder dan in de Verenigde Staten (US$7,6 biljoen), in Japan (US$4,3 biljoen), in Duitsland (US$2,0 biljoen), in Frankrijk (US$1,3 biljoen) en in het Verenigd Koninkrijk (US$1,2 biljoen). De toegevoegde waarde per hoofd in Monaco was groter dan in Japan (US$34,2 duizend), in de Verenigde Staten (US$28,6 duizend), in Duitsland (US$24,5 duizend), in Frankrijk (US$21,6 duizend) en in het Verenigd Koninkrijk (US$21,4 duizend). De groei van de toegevoegde waarde in Monaco was groter dan in Frankrijk (1,8%) en in Japan (1,8%); maar minder dan in de Verenigde Staten (2,8%), in het Verenigd Koninkrijk (2,4%) en in Duitsland (2,1%).

de jaren 2000

De toegevoegde waarde van Monaco bedroeg in de jaren 2000 US$4,3 miljard per jaar, stond op de 145e plaats in de wereld, en was vergelijkbaar met Benin (US$4,2 miljard), Haïti (US$4,4 miljard), Niger (US$4,2 miljard). Het aandeel in de wereld was 0,0097%, en 0,031% in Europa.

De totale toegevoegde waarde van Monaco bestond uit: handel (39,9%), diensten (38,5%), transport (9,4%), constructie (6,5%) en industrie (5,7%).

De toegevoegde waarde per hoofd in Monaco was $127.698,8 in de jaren 2000s, stond op de 1e plaats in de wereld. De toegevoegde waarde per hoofd in Monaco was in 18,7 keer hoger dan de toegevoegde waarde per hoofd van de bevolking in de wereld ($6.818,0), en was in 6,7 keer hoger dan de toegevoegde waarde per hoofd van de bevolking in Europa ($6.818,0).

De groei van de toegevoegde waarde in Monaco bedroeg 2% in de jaren 2000, stond op de 160e plaats in de wereld, en was vergelijkbaar met Liechtenstein (2,0%), de Salomonseilanden (2,0%). De groei van de toegevoegde waarde in Monaco (2,0%) was minder dan de groei van de toegevoegde waarde in de wereld (2,9%), was groter dan de groei van de toegevoegde waarde in Europa (1,7%).

Vergelijking met buren. De toegevoegde waarde van Monaco was minder dan in Frankrijk (US$1,9 biljoen) en in Italië (US$1,6 biljoen). De toegevoegde waarde per hoofd in Monaco was groter dan in Frankrijk (US$30,0 duizend) en in Italië (US$27,3 duizend). De groei van de toegevoegde waarde in Monaco was groter dan in Frankrijk (1,4%) en in Italië (0,51%).

Vergelijking met leiders. De toegevoegde waarde van Monaco was minder dan in de Verenigde Staten (US$12,6 biljoen), in Japan (US$4,7 biljoen), in China (US$2,6 biljoen), in Duitsland (US$2,5 biljoen) en in het Verenigd Koninkrijk (US$2,1 biljoen). De toegevoegde waarde per hoofd in Monaco was groter dan in de Verenigde Staten (US$42,8 duizend), in Japan (US$36,4 duizend), in het Verenigd Koninkrijk (US$34,6 duizend), in Duitsland (US$30,7 duizend) en in China (US$1.954,1). De groei van de toegevoegde waarde in Monaco was groter dan in de Verenigde Staten (1,7%), in het Verenigd Koninkrijk (1,7%), in Duitsland (0,65%) en in Japan (0,27%); maar minder dan in China (10,2%).

de jaren 2010

De toegevoegde waarde van Monaco bedroeg in de jaren 2010 US$6,5 miljard per jaar, stond op de 152e plaats in de wereld, en was vergelijkbaar met Bermuda (US$6,5 miljard), Kirgizië (US$6,3 miljard). Het aandeel in de wereld was 0,0087%, en 0,034% in Europa.

De totale toegevoegde waarde van Monaco bestond uit: diensten (54,3%), handel (22,9%), bouw (9,2%), transport (8,8%) en industrie (4,8%).

De toegevoegde waarde per hoofd in Monaco was $172.594,6 in de jaren 2010s, stond op de 1e plaats in de wereld. De toegevoegde waarde per hoofd in Monaco was in 17,1 keer hoger dan de toegevoegde waarde per hoofd van de bevolking in de wereld ($10.094,6), en was in 6,8 keer hoger dan de toegevoegde waarde per hoofd van de bevolking in Europa ($10.094,6).

De groei van de toegevoegde waarde in Monaco bedroeg 4.1% in de jaren 2010, stond op de 70e plaats in de wereld, en was vergelijkbaar met Tuvalu (4,0%), Pakistan (4,0%), Afghanistan (4,1%). De groei van de toegevoegde waarde in Monaco (4,1%) was groter dan de groei van de toegevoegde waarde in de wereld (3,1%), was groter dan de groei van de toegevoegde waarde in Europa (1,6%).

Vergelijking met buren. De toegevoegde waarde van Monaco was 372,2 keer minder dan in Frankrijk (US$2,4 biljoen) en 286,3 keer minder dan in Italië (US$1,8 biljoen). De toegevoegde waarde per hoofd in Monaco was 4,8 keer groter dan in Frankrijk (US$36,2 duizend) en 5,6 keer groter dan in Italië (US$30,7 duizend). De groei van de toegevoegde waarde in Monaco was groter dan in Frankrijk (1,3%) en in Italië (0,30%).

Vergelijking met leiders. De toegevoegde waarde van Monaco was 2.781,5 keer minder dan in de Verenigde Staten (US$18,0 biljoen), 1.626,9 keer minder dan in China (US$10,5 biljoen), 805,5 keer minder dan in Japan (US$5,2 biljoen), 511,4 keer minder dan in Duitsland (US$3,3 biljoen) en 382,6 keer minder dan in het Verenigd Koninkrijk (US$2,5 biljoen). De toegevoegde waarde per hoofd in Monaco was 3,1 keer groter dan in de Verenigde Staten (US$56,2 duizend), 4,2 keer groter dan in Japan (US$40,7 duizend), 4,3 keer groter dan in Duitsland (US$40,3 duizend), 4,6 keer groter dan in het Verenigd Koninkrijk (US$37,7 duizend) en 23,0 keer groter dan in China (US$7,5 duizend). De groei van de toegevoegde waarde in Monaco was groter dan in de Verenigde Staten (2,2%), in Duitsland (1,9%), in het Verenigd Koninkrijk (1,8%) en in Japan (1,3%); maar minder dan in China (7,7%).

Hoofdstuk III. Bruto nationaal inkomen

Het BNI van Monaco steeg van US$637,7 miljoen per jaar in de jaren 1970 tot US$6,5 miljard per jaar in de jaren 2010, dat wil zeggen met US$5,8 miljard of 10,1 keer. De verandering vond plaats op US$4,7 miljard als gevolg van een 3,6-voudige stijging van de prijzen, en ook op US$818,6 miljoen als gevolg van een 1,9-voudige toename van de productiviteit , evenals op US$318,4 miljoen als gevolg van de toename van de bevolking. De gemiddelde jaarlijkse groei van het BNI is 2,9%. De minimumwaarde van het bruto nationaal inkomen bedroeg US$284,1 miljoen in 1970. De maximumwaarde van het bruto nationaal inkomen bedroeg US$7,4 miljard in 2019.

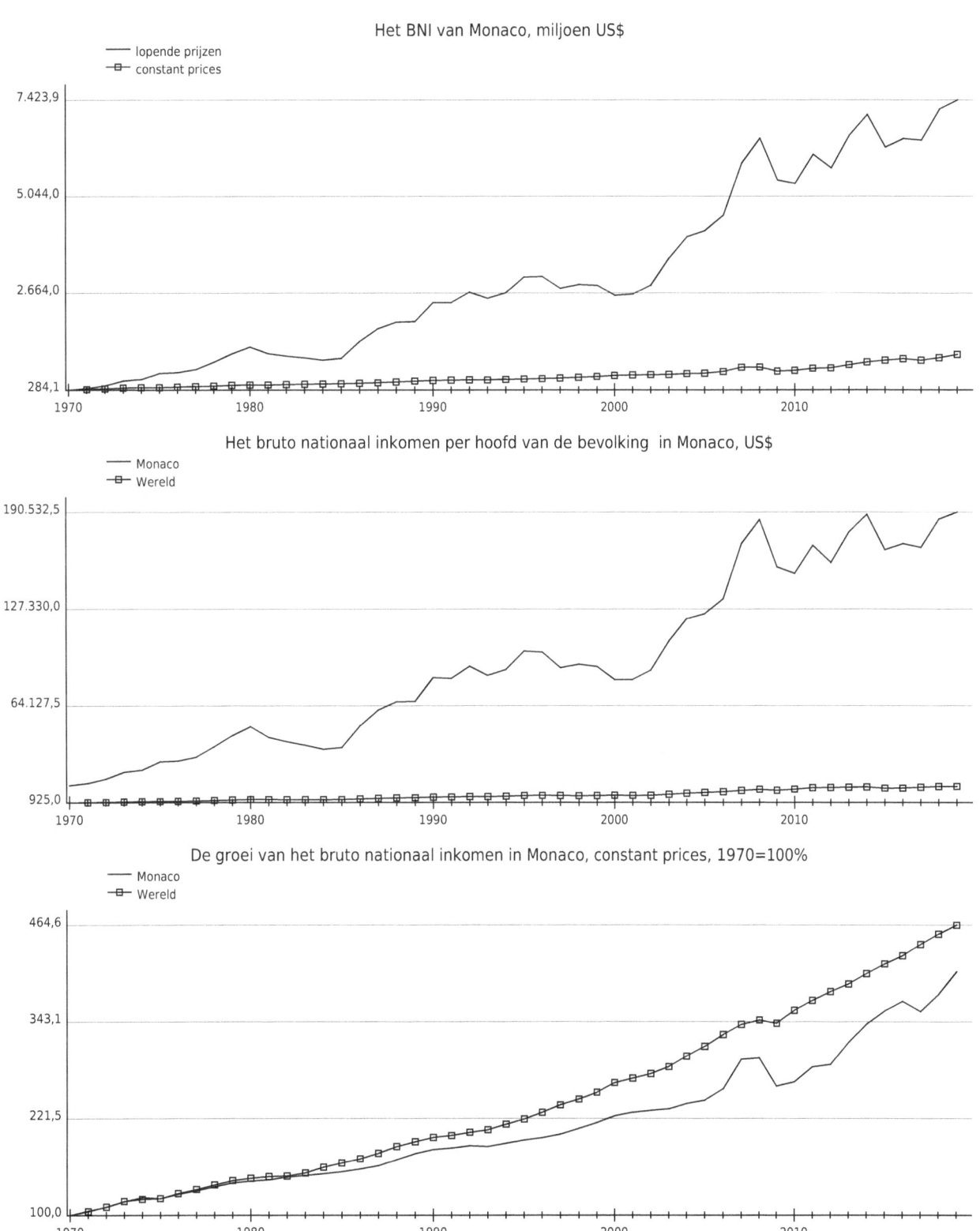

de jaren 1970

Het bruto nationaal inkomen van Monaco bedroeg in de jaren 1970 US$637,7 miljoen per jaar, stond op de 127e plaats in de wereld, en was vergelijkbaar met Togo (US$639,9 miljoen), Congo-Brazzaville (US$632,2 miljoen), Mauritius (US$628,9 miljoen). Het aandeel in de wereld was 0,0097%, en 0,024% in Europa.

Het bruto nationaal inkomen per hoofd in Monaco was $25.554,6 in de jaren 1970s, stond op de 1e plaats in de wereld. Het bruto nationaal inkomen per hoofd in Monaco was in 15,7 keer hoger dan het bruto nationaal inkomen per hoofd van de bevolking in de wereld ($1.624,3), en was in 6,9 keer hoger dan het bruto nationaal inkomen per hoofd van de bevolking in Europa ($1.624,3).

De groei van het BNI in Monaco bedroeg 3.9% in de jaren 1970, stond op de 105e plaats in de wereld, en was vergelijkbaar met San Marino (3,8%), Mozambique (3,8%), Frankrijk (3,9%). De groei van het BNI in Monaco (3,9%) was minder dan de groei van het BNI in de wereld (4,1%), was groter dan de groei van het bruto nationaal inkomen in Europa (3,6%).

Vergelijking met buren. Het bruto nationaal inkomen van Monaco was minder dan in Frankrijk (US$334,3 miljard) en in Italië (US$218,7 miljard). Het bruto nationaal inkomen per hoofd in Monaco was groter dan in Frankrijk (US$6,2 duizend) en in Italië (US$4,0 duizend). De groei van het bruto nationaal inkomen in Monaco was groter dan in Italië (3,8%); maar minder dan in Frankrijk (3,9%).

Vergelijking met leiders. Het bruto nationaal inkomen van Monaco was minder dan in de Verenigde Staten (US$1,7 biljoen), in de Sovjet-Unie (US$649,4 miljard), in Japan (US$558,5 miljard), in Duitsland (US$486,2 miljard) en in Frankrijk (US$334,3 miljard). Het bruto nationaal inkomen per hoofd in Monaco was groter dan in de Verenigde Staten (US$7,8 duizend), in Frankrijk (US$6,2 duizend), in Duitsland (US$6,2 duizend), in Japan (US$5,0 duizend) en in de Sovjet-Unie (US$2,6 duizend). De groei van het bruto nationaal inkomen in Monaco was groter dan in de Verenigde Staten (3,5%) en in Duitsland (3,0%); maar minder dan in de Sovjet-Unie (4,8%), in Japan (4,7%) en in Frankrijk (3,9%).

de jaren 1980

Het BNI van Monaco bedroeg in de jaren 1980 US$1,4 miljard per jaar, stond op de 130e plaats in de wereld, en was vergelijkbaar met Suriname (US$1,4 miljard). Het aandeel in de wereld was 0,0093%, en 0,026% in Europa.

Het BNI per hoofd in Monaco was $49.210,3 in de jaren 1980s, stond op de 1e plaats in de wereld. Het bruto nationaal inkomen per hoofd in Monaco was in 15,8 keer hoger dan het bruto nationaal inkomen per hoofd van de bevolking in de wereld ($3.117,1), en was in 6,9 keer hoger dan het bruto nationaal inkomen per hoofd van de bevolking in Europa ($3.117,1).

De groei van het bruto nationaal inkomen in Monaco bedroeg 2.3% in de jaren 1980, stond op de 106e plaats in de wereld, en was vergelijkbaar met Honduras (2,3%), Frankrijk (2,3%), Zuid-Europa (2,4%). De groei van het bruto nationaal inkomen in Monaco (2,3%) was minder dan de groei van het bruto nationaal inkomen in de wereld (3,0%), was minder dan de groei van het bruto nationaal inkomen in Europa (2,4%).

Vergelijking met buren. Het BNI van Monaco was minder dan in Frankrijk (US$732,1 miljard) en in Italië (US$592,1 miljard). Het bruto nationaal inkomen per hoofd in Monaco was groter dan in Frankrijk (US$13,0 duizend) en in Italië (US$10,4 duizend). De groei van het BNI in Monaco was groter dan in Frankrijk (2,3%); maar minder dan in Italië (2,4%).

Vergelijking met leiders. Het BNI van Monaco was minder dan in de Verenigde Staten (US$4,2 biljoen), in Japan (US$1,8 biljoen), in Duitsland (US$996,5 miljard), in de Sovjet-Unie (US$887,0 miljard) en in Frankrijk (US$732,1 miljard). Het BNI per hoofd in Monaco was groter dan in de Verenigde Staten (US$17,4 duizend), in Japan (US$15,0 duizend), in Frankrijk (US$13,0 duizend), in Duitsland (US$12,8 duizend) en in de Sovjet-Unie (US$3,2 duizend). De groei van het BNI in Monaco was groter dan in Frankrijk (2,3%) en in Duitsland (2,0%); maar minder dan in Japan (4,4%), in de Sovjet-Unie (4,3%) en in de Verenigde Staten (3,1%).

de jaren 1990

Het BNI van Monaco bedroeg in de jaren 1990 US$2,7 miljard per jaar, stond op de 140e plaats in de wereld, en was vergelijkbaar met Niger (US$2,8 miljard), Moldavië (US$2,7 miljard), Haïti (US$2,7 miljard). Het aandeel in de wereld was 0,0096%, en 0,028% in Europa.

Het BNI per hoofd in Monaco was $89.544,0 in de jaren 1990s, stond op de 1e plaats in de wereld. Het BNI per hoofd in Monaco was in 17,9 keer hoger dan het bruto nationaal inkomen per hoofd van de bevolking in de wereld ($4.991,4), en was in 6,7 keer hoger dan het bruto nationaal inkomen per hoofd van de bevolking in Europa ($4.991,4).

De groei van het bruto nationaal inkomen in Monaco bedroeg 2% in de jaren 1990, stond op de 134e plaats in de wereld. De groei van het bruto nationaal inkomen in Monaco (2,0%) was minder dan de groei van het bruto nationaal inkomen in de wereld (2,8%), was groter dan de groei van het BNI in Europa (1,3%).

Vergelijking met buren. Het bruto nationaal inkomen van Monaco was minder dan in Frankrijk (US$1,4 biljoen) en in Italië (US$1,2 biljoen). Het BNI per hoofd in Monaco was groter dan in Frankrijk (US$24,3 duizend) en in Italië (US$21,1 duizend). De groei van het bruto nationaal inkomen in Monaco was groter dan in Italië (1,5%); maar minder dan in Frankrijk (2,2%).

Vergelijking met leiders. Het BNI van Monaco was minder dan in de Verenigde Staten (US$7,5 biljoen), in Japan (US$4,4 biljoen), in Duitsland (US$2,2 biljoen), in Frankrijk (US$1,4 biljoen) en in het Verenigd Koninkrijk (US$1,3 biljoen). Het BNI per hoofd in Monaco was groter dan in Japan (US$34,7 duizend), in de Verenigde Staten (US$28,5 duizend), in Duitsland (US$27,0 duizend), in Frankrijk (US$24,3 duizend) en in het Verenigd Koninkrijk (US$23,0 duizend). De groei van het BNI in Monaco was groter dan in Duitsland (2,0%) en in Japan (1,5%); maar minder dan in de Verenigde Staten (3,4%), in Frankrijk (2,2%) en in het Verenigd Koninkrijk (2,0%).

de jaren 2000

Het bruto nationaal inkomen van Monaco bedroeg in de jaren 2000 US$4,2 miljard per jaar, stond op de 147e plaats in de wereld. Het aandeel in de wereld was 0,0091%, en 0,027% in Europa.

Het BNI per hoofd in Monaco was $125.488,9 in de jaren 2000s, stond op de 1e plaats in de wereld. Het bruto nationaal inkomen per hoofd in Monaco was in 17,5 keer hoger dan het bruto nationaal inkomen per hoofd van de bevolking in de wereld ($7.165,2), en was in 6,0 keer hoger dan het bruto nationaal inkomen per hoofd van de bevolking in Europa ($7.165,2).

De groei van het bruto nationaal inkomen in Monaco bedroeg 1.9% in de jaren 2000, stond op de 160e plaats in de wereld. De groei van het BNI in Monaco (1,9%) was minder dan de groei van het BNI in de wereld (3,0%), was groter dan de groei van het bruto nationaal inkomen in Europa (1,8%).

Vergelijking met buren. Het bruto nationaal inkomen van Monaco was minder dan in Frankrijk (US$2,1 biljoen) en in Italië (US$1,8 biljoen). Het BNI per hoofd in Monaco was groter dan in Frankrijk (US$34,0 duizend) en in Italië (US$30,2 duizend). De groei van het BNI in Monaco was groter dan in Frankrijk (1,5%) en in Italië (0,53%).

Vergelijking met leiders. Het bruto nationaal inkomen van Monaco was minder dan in de Verenigde Staten (US$12,7 biljoen), in Japan (US$4,8 biljoen), in Duitsland (US$2,8 biljoen), in China (US$2,6 biljoen) en in het Verenigd Koninkrijk (US$2,3 biljoen). Het BNI per hoofd in Monaco was groter dan in de Verenigde Staten (US$43,2 duizend), in het Verenigd Koninkrijk (US$38,5 duizend), in Japan (US$37,1 duizend), in Duitsland (US$34,2 duizend) en in China (US$1.950,5). De groei van het bruto nationaal inkomen in Monaco was groter dan in de Verenigde Staten (1,8%), in het Verenigd Koninkrijk (1,7%), in Duitsland (1,0%) en in Japan (0,62%); maar minder dan in China (10,4%).

de jaren 2010

Het bruto nationaal inkomen van Monaco bedroeg in de jaren 2010 US$6,5 miljard per jaar, stond op de 156e plaats in de wereld, en was vergelijkbaar met Malawi (US$6,5 miljard), Mauritanië (US$6,6 miljard). Het aandeel in de wereld was 0,0083%, en 0,031% in Europa.

Het bruto nationaal inkomen per hoofd in Monaco was $172.598,4 in de jaren 2010s, stond op de 1e plaats in de wereld. Het bruto nationaal inkomen per hoofd in Monaco was in 16,3 keer hoger dan het bruto nationaal inkomen per hoofd van de bevolking in de wereld ($10.611,7), en was in 6,1 keer hoger dan het bruto nationaal inkomen per hoofd van de bevolking in Europa ($10.611,7).

De groei van het bruto nationaal inkomen in Monaco bedroeg 4.5% in de jaren 2010, stond op de 64e plaats in de wereld. De groei van het bruto nationaal inkomen in Monaco (4,5%) was groter dan de groei van het bruto nationaal inkomen in de wereld (3,1%), was groter dan de groei van het bruto nationaal inkomen in Europa (1,6%).

Vergelijking met buren. Het bruto nationaal inkomen van Monaco was 425,3 keer minder dan in Frankrijk (US$2,7 biljoen) en 319,1 keer minder dan in Italië (US$2,1 biljoen). Het BNI per hoofd in Monaco was 4,2 keer groter dan in Frankrijk (US$41,4 duizend) en 5,0 keer groter dan in Italië (US$34,2 duizend). De groei van het BNI in Monaco was groter dan in Frankrijk (1,4%) en in Italië (0,34%).

Vergelijking met leiders. Het bruto nationaal inkomen van Monaco was 2.834,8 keer minder dan in de Verenigde Staten (US$18,3 biljoen), 1.620,9 keer minder dan in China (US$10,5 biljoen), 836,1 keer minder dan in Japan (US$5,4 biljoen), 580,6 keer minder dan in Duitsland (US$3,7 biljoen) en 425,3 keer minder dan in Frankrijk (US$2,7 biljoen). Het bruto nationaal inkomen per hoofd in Monaco was 3,0 keer groter dan in de Verenigde Staten (US$57,3 duizend), 3,8 keer groter dan in Duitsland (US$45,8 duizend), 4,1 keer groter dan in Japan (US$42,2 duizend), 4,2 keer groter dan in Frankrijk (US$41,4 duizend) en 23,1 keer groter dan in China (US$7,5 duizend). De groei van het BNI in Monaco was groter dan in de Verenigde Staten (2,5%), in Duitsland (2,0%), in Japan (1,4%) en in Frankrijk (1,4%); maar minder dan in China (7,7%).

Part II. Structuur

Hoofdstuk IV. Industrie

Mijnbouw, productie, nutsbedrijven (ISIC C-E)

De sector van de industrie in Monaco steeg van US$39,6 miljoen per jaar in de jaren 1970 tot US$307,8 miljoen per jaar in de jaren 2010, dat wil zeggen met US$268,1 miljoen of 7,8 keer. De verandering vond plaats op US$226,2 miljoen als gevolg van een 3,8-voudige stijging van de prijzen, en ook op US$22,2 miljoen als gevolg van een 1,4-voudige toename van de productiviteit , evenals op US$19,8 miljoen als gevolg van de toename van de bevolking. De gemiddelde jaarlijkse groei van de industrie is 1,3%. De minimumwaarde van de industrie bedroeg US$17,7 miljoen in 1970. De maximumwaarde van de industrie bedroeg US$409,6 miljoen in 2013.

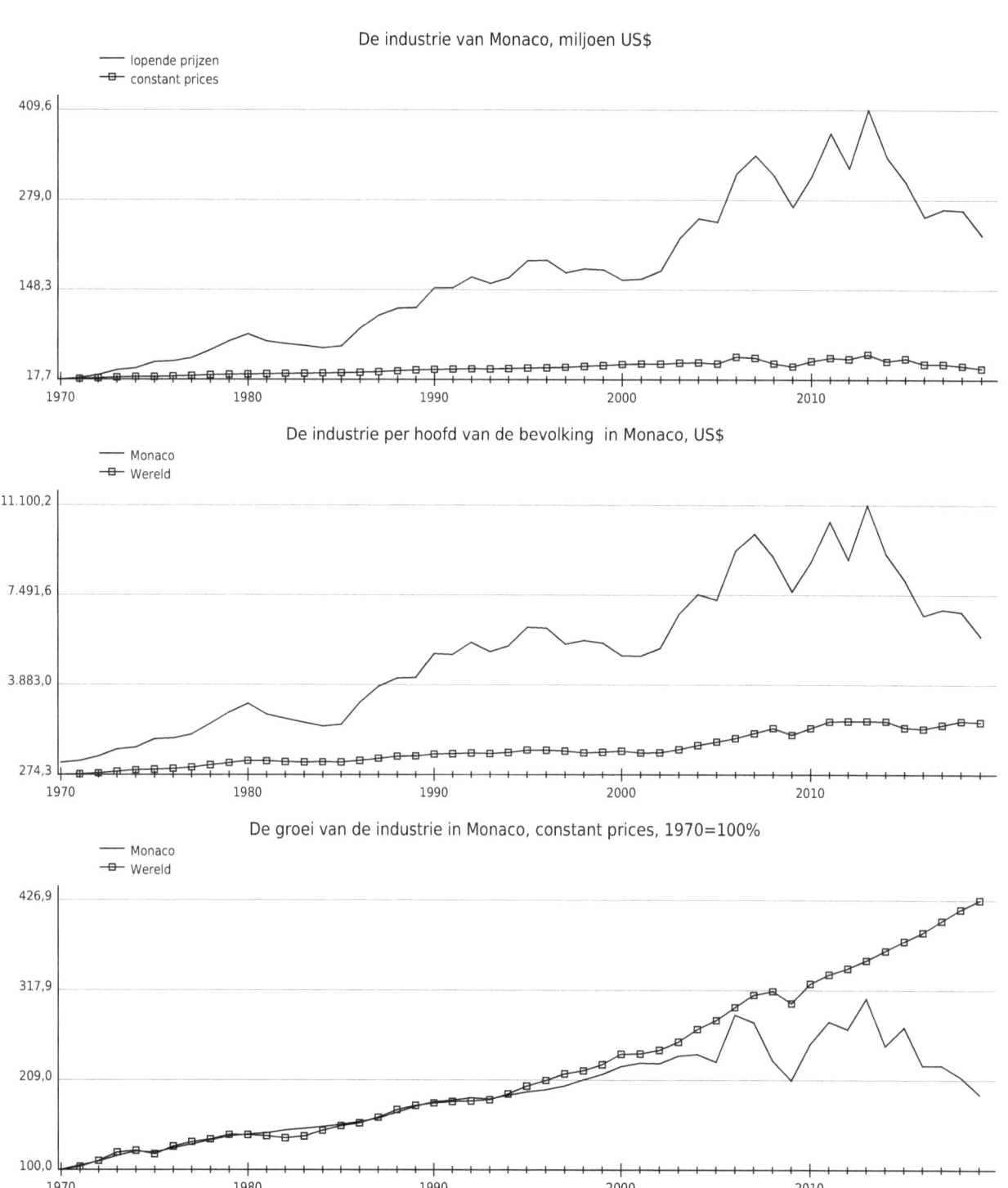

De industrie van Monaco, miljoen US$

De industrie per hoofd van de bevolking in Monaco, US$

De groei van de industrie in Monaco, constant prices, 1970=100%

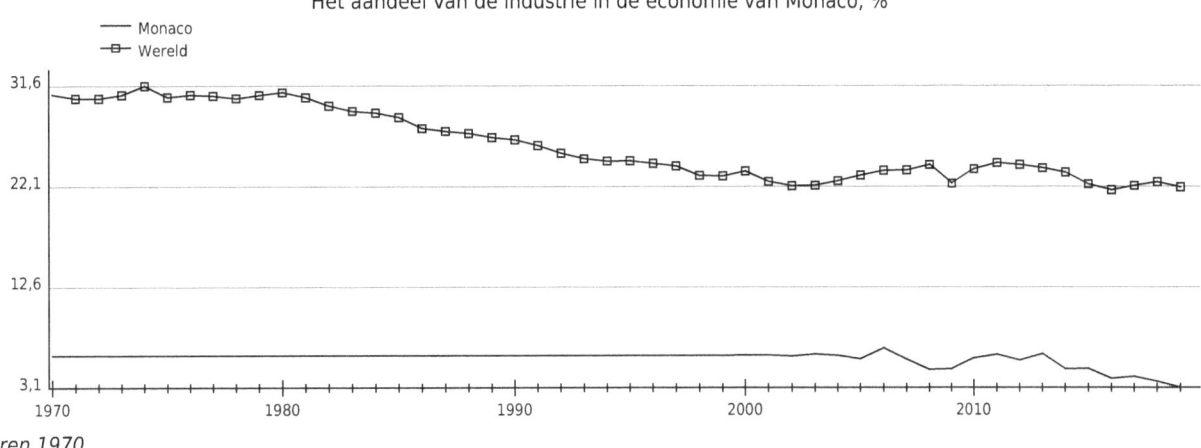

Het aandeel van de industrie in de economie van Monaco, %

de jaren 1970

De sector van de industrie in Monaco bedroeg in de jaren 1970 US$39,6 miljoen per jaar, stond op de 145e plaats in de wereld. Het aandeel in de wereld was 0,0020%, en 0,0048% in Europa.

Het aandeel van de industrie in de economie van Monaco was 6,1% in de jaren 1970, stond op de 169e plaats in de wereld.

De toegevoegde waarde van de industrie per hoofd in Monaco was $1.588,5 in de jaren 1970s, stond op de 22e plaats in de wereld. De toegevoegde waarde van de industrie per hoofd in Monaco was in 3,3 keer hoger dan de industrie per hoofd van de bevolking in de wereld ($480,5), en was 40,4% hoger dan de industrie per hoofd van de bevolking in Europa ($480,5).

De groei van de industrie in Monaco bedroeg 3.9% in de jaren 1970, stond op de 111e plaats in de wereld, en was vergelijkbaar met Oostenrijk (3,8%), San Marino (3,8%), Mozambique (3,8%). De groei van de industrie in Monaco (3,9%) was minder dan de groei van de industrie in de wereld (4,0%), was groter dan de groei van de industrie in Europa (3,6%).

Vergelijking met buren. De industrie van Monaco was minder dan in Frankrijk (US$71,6 miljard) en in Italië (US$60,1 miljard). De sector van de industrie per hoofd in Monaco was groter dan in Frankrijk (US$1.335,3) en in Italië (US$1.092,7). De groei van de industrie in Monaco was minder dan in Italië (5,1%) en in Frankrijk (3,9%).

Vergelijking met leiders. De sector van de industrie in Monaco was minder dan in de Verenigde Staten (US$450,4 miljard), in de Sovjet-Unie (US$248,8 miljard), in Japan (US$185,6 miljard), in Duitsland (US$158,4 miljard) en in het Verenigd Koninkrijk (US$72,6 miljard). De sector van de industrie per hoofd in Monaco was groter dan in het Verenigd Koninkrijk (US$1.295,1) en in de Sovjet-Unie (US$986,6); maar minder dan in de Verenigde Staten (US$2,1 duizend), in Duitsland (US$2,0 duizend) en in Japan (US$1.666,5). De groei van de industrie in Monaco was groter dan in de Verenigde Staten (2,4%), in Duitsland (2,1%) en in het Verenigd Koninkrijk (1,9%); maar minder dan in de Sovjet-Unie (5,2%) en in Japan (4,5%).

de jaren 1980

De waarde van de industrie in Monaco bedroeg in de jaren 1980 US$86,8 miljoen per jaar, stond op de 145e plaats in de wereld, en was vergelijkbaar met Gambia (US$85,8 miljoen). Het aandeel in de wereld was 0,0021%, en 0,0058% in Europa.

Het aandeel van de industrie in de economie van Monaco was 6,1% in de jaren 1980, stond op de 169e plaats in de wereld, en was vergelijkbaar met Antigua en Barbuda (6,1%).

De toegevoegde waarde van de industrie per hoofd in Monaco was $3.058,9 in de jaren 1980s, stond op de 22e plaats in de wereld, en was vergelijkbaar met de Nederland (US$3,0 duizend), het Verenigd Koninkrijk (US$3,0 duizend), Oman (US$3,1 duizend). De sector van de industrie per hoofd in Monaco was in 3,5 keer hoger dan de industrie per hoofd van de bevolking in de wereld ($861,8), en was 58,2% hoger dan de industrie per hoofd van de bevolking in Europa ($861,8).

De groei van de industrie in Monaco bedroeg 2.3% in de jaren 1980, stond op de 105e plaats in de wereld, en was vergelijkbaar met Costa Rica (2,4%), Oost-Afrika (2,4%). De groei van de industrie in Monaco (2,3%) was groter dan de groei van de industrie in de wereld (2,3%), was groter dan de groei van de industrie in Europa (2,3%).

Vergelijking met buren. De waarde van de industrie in Monaco was minder dan in Italië (US$148,2 miljard) en in Frankrijk (US$145,2 miljard). De industrie per hoofd in Monaco was groter dan in Italië (US$2,6 duizend) en in Frankrijk (US$2,6 duizend). De groei van de industrie in Monaco was groter dan in Italië (2,3%) en in Frankrijk (1,3%).

Vergelijking met leiders. De toegevoegde waarde van de industrie in Monaco was minder dan in de Verenigde Staten (US$1,0 biljoen), in Japan (US$566,4 miljard), in de Sovjet-Unie (US$305,7 miljard), in Duitsland (US$297,5 miljard) en in het Verenigd Koninkrijk (US$171,2 miljard). De waarde van de industrie per hoofd in Monaco was groter dan in het Verenigd Koninkrijk (US$3,0 duizend) en in de Sovjet-Unie (US$1.110,8); maar minder dan in Japan (US$4,7 duizend), in de Verenigde Staten (US$4,2 duizend) en in Duitsland (US$3,8 duizend). De groei van de industrie in Monaco was groter dan in de Verenigde Staten (1,9%), in het Verenigd Koninkrijk (1,4%) en in Duitsland (1,2%); maar minder dan in de Sovjet-Unie (5,3%) en in Japan (4,2%).

de jaren 1990

De waarde van de industrie in Monaco bedroeg in de jaren 1990 US$170,2 miljoen per jaar, stond op de 163e plaats in de wereld, en was vergelijkbaar met Tsjaad (US$171,1 miljoen). Het aandeel in de wereld was 0,0025%, en 0,0079% in Europa.

Het aandeel van de industrie in de economie van Monaco was 6,1% in de jaren 1990, stond op de 196e plaats in de wereld.

De sector van de industrie per hoofd in Monaco was $5.565,0 in de jaren 1990s, stond op de 17e plaats in de wereld, en was vergelijkbaar met Noord-Amerika (US$5,6 duizend), Oostenrijk (US$5,6 duizend), Denemarken (US$5,6 duizend). De industrie per hoofd in Monaco was in 4,7 keer hoger dan de industrie per hoofd van de bevolking in de wereld ($1.175,6), en was 87,9% hoger dan de industrie per hoofd van de bevolking in Europa ($1.175,6).

De groei van de industrie in Monaco bedroeg 2% in de jaren 1990, stond op de 120e plaats in de wereld. De groei van de industrie in Monaco (2,0%) was minder dan de groei van de industrie in de wereld (2,5%), was groter dan de groei van de industrie in Europa (0,0047%).

Vergelijking met buren. De waarde van de industrie in Monaco was minder dan in Italië (US$259,5 miljard) en in Frankrijk (US$253,9 miljard). De sector van de industrie per hoofd in Monaco was groter dan in Italië (US$4,6 duizend) en in Frankrijk (US$4,3 duizend). De groei van de industrie in Monaco was groter dan in Italië (1,0%); maar minder dan in Frankrijk (2,4%).

Vergelijking met leiders. De waarde van de industrie in Monaco was minder dan in de Verenigde Staten (US$1,5 biljoen), in Japan (US$1,2 biljoen), in Duitsland (US$534,0 miljard), in China (US$285,9 miljard) en in het Verenigd Koninkrijk (US$268,6 miljard). De toegevoegde waarde van de industrie per hoofd in Monaco was groter dan in het Verenigd Koninkrijk (US$4,6 duizend) en in China (US$231,9); maar minder dan in Japan (US$9,4 duizend), in Duitsland (US$6,6 duizend) en in de Verenigde Staten (US$5,7 duizend). De groei van de industrie in Monaco was groter dan in Japan (1,3%), in het Verenigd Koninkrijk (1,2%) en in Duitsland (0,33%); maar minder dan in China (13,1%) en in de Verenigde Staten (2,8%).

de jaren 2000

De toegevoegde waarde van de industrie in Monaco bedroeg in de jaren 2000 US$246,7 miljoen per jaar, stond op de 167e plaats in de wereld. Het aandeel in de wereld was 0,0024%, en 0,0084% in Europa.

Het aandeel van de industrie in de economie van Monaco was 5,7% in de jaren 2000, stond op de 198e plaats in de wereld, en was vergelijkbaar met Hongkong (5,8%), Macau (5,8%).

De toegevoegde waarde van de industrie per hoofd in Monaco was $7.325,4 in de jaren 2000s, stond op de 22e plaats in de wereld, en was vergelijkbaar met Oman (US$7,4 duizend), Luxemburg (US$7,4 duizend), Noord-Amerika (US$7,2 duizend). De waarde van de industrie per hoofd in Monaco was in 4,7 keer hoger dan de industrie per hoofd van de bevolking in de wereld ($1.573,8), en was 83,1% hoger dan de industrie per hoofd van de bevolking in Europa ($1.573,8).

De groei van de industrie in Monaco bedroeg -0.3% in de jaren 2000, stond op de 182e plaats in de wereld. De groei van de industrie in Monaco (-0,35%) was minder dan de groei van de industrie in de wereld (2,9%), was minder dan de groei van de industrie in Europa (0,63%).

Vergelijking met buren. De sector van de industrie in Monaco was minder dan in Italië (US$320,8 miljard) en in Frankrijk (US$304,8 miljard). De sector van de industrie per hoofd in Monaco was groter dan in Italië (US$5,5 duizend) en in Frankrijk (US$4,9 duizend). De groei van de industrie in Monaco was groter dan in Italië (-1,4%); maar minder dan in Frankrijk (0,47%).

Vergelijking met leiders. De sector van de industrie in Monaco was minder dan in de Verenigde Staten (US$2,1 biljoen), in Japan (US$1,1 biljoen), in China (US$1,1 biljoen), in Duitsland (US$629,4 miljard) en in het Verenigd Koninkrijk (US$345,1 miljard). De toegevoegde waarde van de industrie per hoofd in Monaco was groter dan in de Verenigde Staten (US$7,1 duizend), in het Verenigd Koninkrijk (US$5,7 duizend) en in China (US$795,3); maar minder dan in Japan (US$8,8 duizend) en in Duitsland (US$7,7 duizend). De groei van de industrie in Monaco was groter dan in het Verenigd Koninkrijk (-1,1%); maar minder dan in China (11,1%), in de Verenigde Staten (1,5%), in Duitsland (0,19%) en in Japan (0,15%).

de jaren 2010

De industrie van Monaco bedroeg in de jaren 2010 US$307,8 miljoen per jaar, stond op de 172e plaats in de wereld. Het aandeel in de wereld was 0,0018%, en 0,0081% in Europa.

Het aandeel van de industrie in de economie van Monaco was 4,8% in de jaren 2010, stond op de 200e plaats in de wereld.

De industrie per hoofd in Monaco was $8.226,2 in de jaren 2010s, stond op de 27e plaats in de wereld, en was vergelijkbaar met West-Europa (US$8,3 duizend), Zuid-Korea (US$8,4 duizend), Equatoriaal-Guinea (US$8,4 duizend). De waarde van de industrie per hoofd in Monaco was in 3,5 keer hoger dan de industrie per hoofd van de bevolking in de wereld ($2.320,9), en was 61,7% hoger dan de industrie per hoofd van de bevolking in Europa ($2.320,9).

De groei van de industrie in Monaco bedroeg -0.8% in de jaren 2010, stond op de 187e plaats in de wereld. De groei van de industrie in Monaco (-0,85%) was minder dan de groei van de industrie in de wereld (3,5%), was minder dan de groei van de industrie in Europa (2,0%).

Vergelijking met buren. De industrie van Monaco was 1.140,9 keer minder dan in Italië (US$351,2 miljard) en 1.087,9 keer minder dan in Frankrijk (US$334,8 miljard). De sector van de industrie per hoofd in Monaco was 41,1% groter dan in Italië (US$5,8 duizend) en 63,0% groter dan in Frankrijk (US$5,0 duizend). De groei van de industrie in Monaco was minder dan in Italië (1,00%) en in Frankrijk (0,89%).

Vergelijking met leiders. De toegevoegde waarde van de industrie in Monaco was 11.966,7 keer minder dan in China (US$3,7 biljoen), 8.907,6 keer minder dan in de Verenigde Staten (US$2,7 biljoen), 3.867,7 keer minder dan in Japan (US$1,2 biljoen), 2.729,1 keer minder dan in Duitsland (US$840,0 miljard) en 1.440,5 keer minder dan in India (US$443,4 miljard). De toegevoegde waarde van de industrie per hoofd in Monaco was 3,1 keer groter dan in China (US$2,6 duizend) en 24,2 keer groter dan in India (US$340,6); maar 19,8% minder dan in Duitsland (US$10,3 duizend), 11,6% minder dan in Japan (US$9,3 duizend) en 4,1% minder dan in de Verenigde Staten (US$8,6 duizend). De groei van de industrie in Monaco was minder dan in China (7,5%), in India (6,5%), in Duitsland (3,2%), in Japan (2,6%) en in de Verenigde Staten (2,2%).

Hoofdstuk 4.1. Fabricage

(ISIC D)

De sector van de fabricage in Monaco steeg van US$39,6 miljoen per jaar in de jaren 1970 tot US$307,8 miljoen per jaar in de jaren 2010, dat wil zeggen met US$268,1 miljoen of 7,8 keer. De verandering vond plaats op US$226,2 miljoen als gevolg van een 3,8-voudige stijging van de prijzen, en ook op US$22,2 miljoen als gevolg van een 1,4-voudige toename van de productiviteit , evenals op US$19,8 miljoen als gevolg van de toename van de bevolking. De gemiddelde jaarlijkse groei van de fabricage is 1,3%. De minimumwaarde van de fabricage bedroeg US$17,7 miljoen in 1970. De maximumwaarde van de fabricage bedroeg US$409,6 miljoen in 2013.

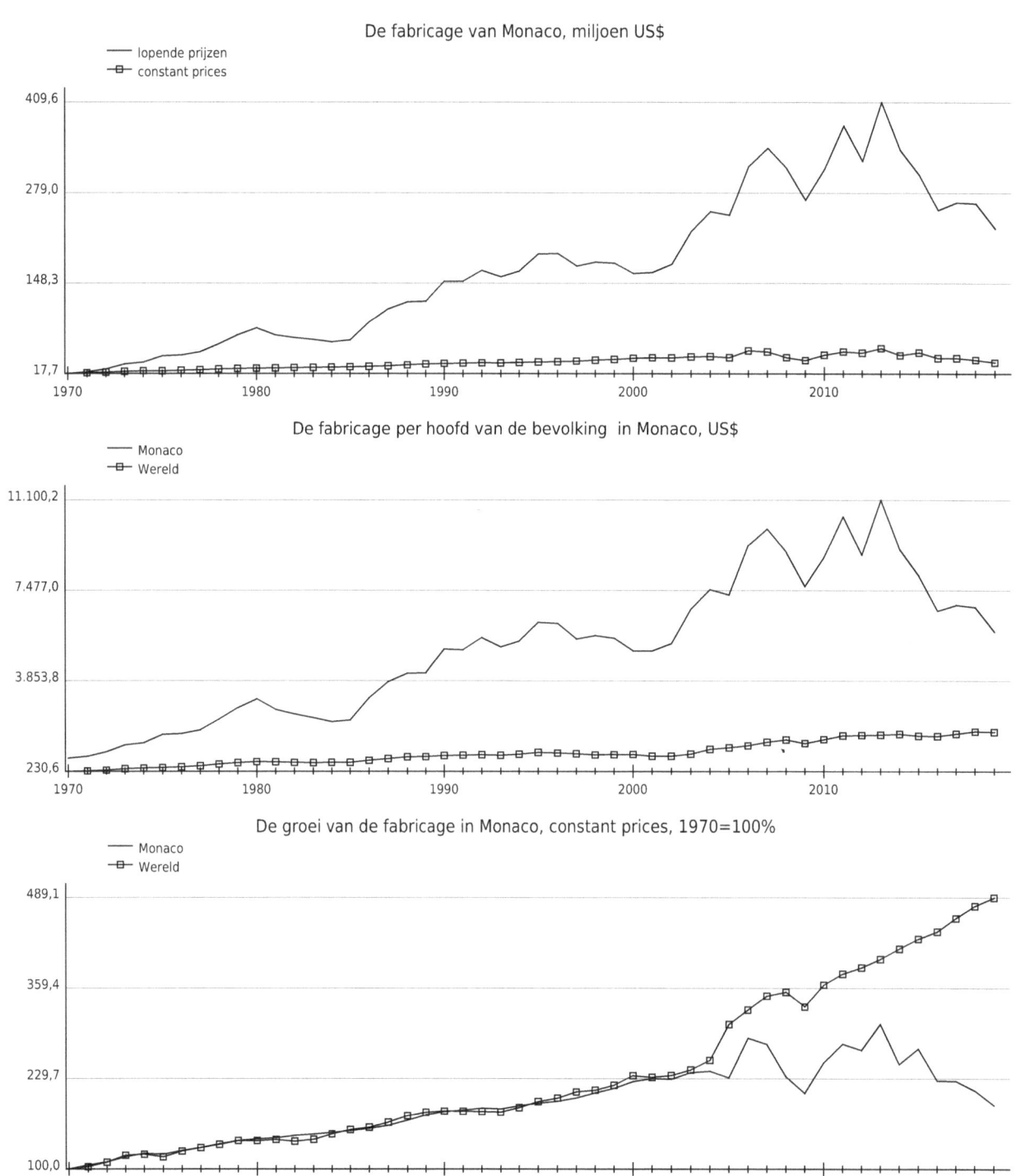

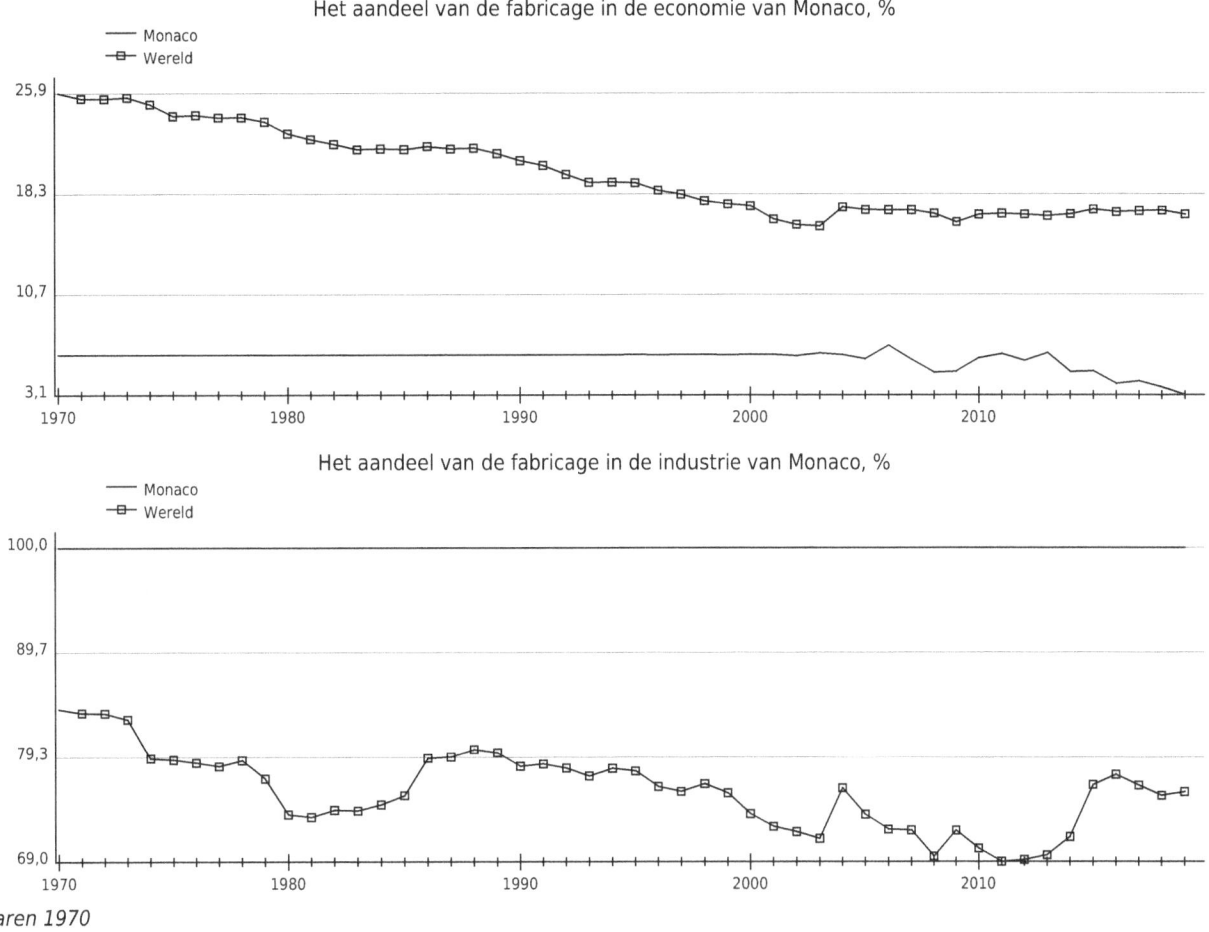

Het aandeel van de fabricage in de economie van Monaco, %

Het aandeel van de fabricage in de industrie van Monaco, %

de jaren 1970

De waarde van de fabricage in Monaco bedroeg in de jaren 1970 US$39,6 miljoen per jaar, stond op de 138e plaats in de wereld, en was vergelijkbaar met Guinee (US$39,5 miljoen). Het aandeel in de wereld was 0,0026%, en 0,0054% in Europa.

Het aandeel van de fabricage in de economie van Monaco was 6,1% in de jaren 1970, stond op de 149e plaats in de wereld.

De fabricage per hoofd in Monaco was $1.588,5 in de jaren 1970s, stond op de 10e plaats in de wereld. De waarde van de fabricage per hoofd in Monaco was in 4,1 keer hoger dan de fabricage per hoofd van de bevolking in de wereld ($383,2), en was 55,8% hoger dan de fabricage per hoofd van de bevolking in Europa ($383,2).

De groei van de fabricage in Monaco bedroeg 3.9% in de jaren 1970, stond op de 109e plaats in de wereld, en was vergelijkbaar met San Marino (3,8%), de Wereld (3,8%), Mozambique (3,8%). De groei van de fabricage in Monaco (3,9%) was groter dan de groei van de fabricage in de wereld (3,8%), was groter dan de groei van de fabricage in Europa (3,5%).

Vergelijking met buren. De sector van de fabricage in Monaco was minder dan in Frankrijk (US$64,5 miljard) en in Italië (US$55,3 miljard). De waarde van de fabricage per hoofd in Monaco was groter dan in Frankrijk (US$1.203,0) en in Italië (US$1.005,2). De groei van de fabricage in Monaco was groter dan in Frankrijk (3,5%); maar minder dan in Italië (6,4%).

Vergelijking met leiders. De waarde van de fabricage in Monaco was minder dan in de Verenigde Staten (US$378,0 miljard), in de Sovjet-Unie (US$248,8 miljard), in Japan (US$169,3 miljard), in Duitsland (US$138,0 miljard) en in Frankrijk (US$64,5 miljard). De sector van de fabricage per hoofd in Monaco was groter dan in Japan (US$1.520,6), in Frankrijk (US$1.203,0) en in de Sovjet-Unie (US$986,6); maar minder dan in Duitsland (US$1.752,1) en in de Verenigde Staten (US$1.731,8). De groei van de fabricage in Monaco was groter dan in Frankrijk (3,5%), in de Verenigde Staten (2,7%) en in Duitsland (2,1%); maar minder dan in de Sovjet-Unie (5,2%) en in Japan (4,5%).

de jaren 1980

De toegevoegde waarde van de fabricage in Monaco bedroeg in de jaren 1980 US$86,8 miljoen per jaar, stond op de 141e plaats in de wereld, en was vergelijkbaar met de Bahama's (US$87,8 miljoen). Het aandeel in de wereld was 0,0027%, en 0,0068% in Europa.

Het aandeel van de fabricage in de economie van Monaco was 6,1% in de jaren 1980, stond op de 153e plaats in de wereld, en was vergelijkbaar met de Comoren (6,1%), Gabon (6,1%).

De sector van de fabricage per hoofd in Monaco was $3.058,9 in de jaren 1980s, stond op de 11e plaats in de wereld. De sector van de fabricage per hoofd in Monaco was in 4,6 keer hoger dan de fabricage per hoofd van de bevolking in de wereld ($661,2), en was 82,9% hoger dan de fabricage per hoofd van de bevolking in Europa ($661,2).

De groei van de fabricage in Monaco bedroeg 2.3% in de jaren 1980, stond op de 112e plaats in de wereld. De groei van de fabricage in Monaco (2,3%) was minder dan de groei van de fabricage in de wereld (2,6%), was groter dan de groei van de fabricage in Europa (2,1%).

Vergelijking met buren. De fabricage van Monaco was minder dan in Italië (US$134,1 miljard) en in Frankrijk (US$124,6 miljard). De sector van de fabricage per hoofd in Monaco was groter dan in Italië (US$2,4 duizend) en in Frankrijk (US$2,2 duizend). De groei van de fabricage in Monaco was groter dan in Frankrijk (1,0%); maar minder dan in Italië (2,5%).

Vergelijking met leiders. De fabricage van Monaco was minder dan in de Verenigde Staten (US$789,4 miljard), in Japan (US$501,0 miljard), in de Sovjet-Unie (US$305,7 miljard), in Duitsland (US$258,7 miljard) en in Italië (US$134,1 miljard). De fabricage per hoofd in Monaco was groter dan in Italië (US$2,4 duizend) en in de Sovjet-Unie (US$1.110,8); maar minder dan in Japan (US$4,1 duizend), in Duitsland (US$3,3 duizend) en in de Verenigde Staten (US$3,3 duizend). De groei van de fabricage in Monaco was groter dan in de Verenigde Staten (1,9%) en in Duitsland (1,2%); maar minder dan in de Sovjet-Unie (5,3%), in Japan (4,4%) en in Italië (2,5%).

de jaren 1990

De waarde van de fabricage in Monaco bedroeg in de jaren 1990 US$170,2 miljoen per jaar, stond op de 157e plaats in de wereld, en was vergelijkbaar met Tsjaad (US$170,9 miljoen). Het aandeel in de wereld was 0,0033%, en 0,0096% in Europa.

Het aandeel van de fabricage in de economie van Monaco was 6,1% in de jaren 1990, stond op de 172e plaats in de wereld, en was vergelijkbaar met Grenada (6,1%), Syrië (6,1%), Kiribati (6,1%).

De waarde van de fabricage per hoofd in Monaco was $5.565,0 in de jaren 1990s, stond op de 6e plaats in de wereld, en was vergelijkbaar met Zweden (US$5,5 duizend). De toegevoegde waarde van de fabricage per hoofd in Monaco was in 6,1 keer hoger dan de fabricage per hoofd van de bevolking in de wereld ($908,4), en was in 2,3 keer hoger dan de fabricage per hoofd van de bevolking in Europa ($908,4).

De groei van de fabricage in Monaco bedroeg 2% in de jaren 1990, stond op de 113e plaats in de wereld, en was vergelijkbaar met de Wereld (2,0%). De groei van de fabricage in Monaco (2,0%) was groter dan de groei van de fabricage in de wereld (2,0%), was groter dan de groei van de fabricage in Europa (0,24%).

Vergelijking met buren. De sector van de fabricage in Monaco was minder dan in Italië (US$227,8 miljard) en in Frankrijk (US$215,0 miljard). De toegevoegde waarde van de fabricage per hoofd in Monaco was groter dan in Italië (US$4,0 duizend) en in Frankrijk (US$3,6 duizend). De groei van de fabricage in Monaco was groter dan in Italië (1,2%); maar minder dan in Frankrijk (2,4%).

Vergelijking met leiders. De fabricage van Monaco was minder dan in de Verenigde Staten (US$1,2 biljoen), in Japan (US$1,0 biljoen), in Duitsland (US$468,8 miljard), in Italië (US$227,8 miljard) en in Frankrijk (US$215,0 miljard). De sector van de fabricage per hoofd in Monaco was groter dan in de Verenigde Staten (US$4,7 duizend), in Italië (US$4,0 duizend) en in Frankrijk (US$3,6 duizend); maar minder dan in Japan (US$8,3 duizend) en in Duitsland (US$5,8 duizend). De groei van de fabricage in Monaco was groter dan in Italië (1,2%), in Japan (1,1%) en in Duitsland (0,26%); maar minder dan in de Verenigde Staten (3,2%) en in Frankrijk (2,4%).

de jaren 2000

De waarde van de fabricage in Monaco bedroeg in de jaren 2000 US$246,7 miljoen per jaar, stond op de 159e plaats in de wereld. Het aandeel in de wereld was 0,0033%, en 0,011% in Europa.

Het aandeel van de fabricage in de economie van Monaco was 5,7% in de jaren 2000, stond op de 170e plaats in de wereld, en was vergelijkbaar met Frans-Polynesië (5,7%), Koeweit (5,8%).

De toegevoegde waarde van de fabricage per hoofd in Monaco was $7.325,4 in de jaren 2000s, stond op de 9e plaats in de wereld, en was vergelijkbaar met Singapore (US$7,4 duizend). De toegevoegde waarde van de fabricage per hoofd in Monaco was in 6,4 keer hoger dan de fabricage per hoofd van de bevolking in de wereld ($1.138,1), en was in 2,3 keer hoger dan de fabricage per hoofd van de bevolking in Europa ($1.138,1).

De groei van de fabricage in Monaco bedroeg -0.3% in de jaren 2000, stond op de 170e plaats in de wereld. De groei van de fabricage in Monaco (-0,35%) was minder dan de groei van de fabricage in de wereld (4,2%), was minder dan de groei van de fabricage in Europa (0,69%).

Vergelijking met buren. De sector van de fabricage in Monaco was minder dan in Italië (US$277,2 miljard) en in Frankrijk (US$256,2 miljard). De sector van de fabricage per hoofd in Monaco was groter dan in Italië (US$4,8 duizend) en in Frankrijk (US$4,1 duizend). De groei van de fabricage in Monaco was groter dan in Italië (-1,3%); maar minder dan in Frankrijk (0,75%).

Vergelijking met leiders. De fabricage van Monaco was minder dan in de Verenigde Staten (US$1,6 biljoen), in China (US$1,1 biljoen), in Japan (US$992,9 miljard), in Duitsland (US$551,4 miljard) en in Italië (US$277,2 miljard). De toegevoegde waarde van de fabricage per hoofd in Monaco was groter dan in Duitsland (US$6,8 duizend), in de Verenigde Staten (US$5,6 duizend), in Italië (US$4,8 duizend) en in China (US$815,3); maar minder dan in Japan (US$7,7 duizend). De groei van de fabricage in Monaco was groter dan in Italië (-1,3%); maar minder dan in de Verenigde Staten (1,6%), in Japan (0,32%) en in Duitsland (0,097%).

de jaren 2010

De fabricage van Monaco bedroeg in de jaren 2010 US$307,8 miljoen per jaar, stond op de 160e plaats in de wereld. Het aandeel in de wereld was 0,0025%, en 0,011% in Europa.

Het aandeel van de fabricage in de economie van Monaco was 4,8% in de jaren 2010, stond op de 176e plaats in de wereld.

De waarde van de fabricage per hoofd in Monaco was $8.226,2 in de jaren 2010s, stond op de 9e plaats in de wereld, en was vergelijkbaar met Japan (US$8,3 duizend), Oostenrijk (US$8,1 duizend). De waarde van de fabricage per hoofd in Monaco was in 4,8 keer hoger dan de fabricage per hoofd van de bevolking in de wereld ($1.697,4), en was in 2,1 keer hoger dan de fabricage per hoofd van de bevolking in Europa ($1.697,4).

De groei van de fabricage in Monaco bedroeg -0.8% in de jaren 2010, stond op de 187e plaats in de wereld, en was vergelijkbaar met Australië (-0,84%). De groei van de fabricage in Monaco (-0,85%) was minder dan de groei van de fabricage in de wereld (3,9%), was minder dan de groei van de fabricage in Europa (2,5%).

Vergelijking met buren. De sector van de fabricage in Monaco was 962,9 keer minder dan in Italië (US$296,4 miljard) en 892,4 keer minder dan in Frankrijk (US$274,7 miljard). De fabricage per hoofd in Monaco was 67,2% groter dan in Italië (US$4,9 duizend) en 98,6% groter dan in Frankrijk (US$4,1 duizend). De groei van de fabricage in Monaco was minder dan in Italië (1,5%) en in Frankrijk (1,2%).

Vergelijking met leiders. De sector van de fabricage in Monaco was 10.121,5 keer minder dan in China (US$3,1 biljoen), 6.727,5 keer minder dan in de Verenigde Staten (US$2,1 biljoen), 3.444,1 keer minder dan in Japan (US$1,1 biljoen), 2.388,7 keer minder dan in Duitsland (US$735,2 miljard) en 1.268,8 keer minder dan in Zuid-Korea (US$390,5 miljard). De sector van de fabricage per hoofd in Monaco was 6,5% groter dan in Zuid-Korea (US$7,7 duizend), 26,9% groter dan in de Verenigde Staten (US$6,5 duizend) en 3,7 keer groter dan in China (US$2,2 duizend); maar 8,4% minder dan in Duitsland (US$9,0 duizend) en 0,72% minder dan in Japan (US$8,3 duizend). De groei van de fabricage in Monaco was minder dan in China (7,5%), in Zuid-Korea (3,8%), in Duitsland (3,5%), in Japan (3,0%) en in de Verenigde Staten (1,9%).

Hoofdstuk V. Constructie

(ISIC F)

De waarde van de constructie in Monaco steeg van US$43,4 miljoen per jaar in de jaren 1970 tot US$595,8 miljoen per jaar in de jaren 2010, dat wil zeggen met US$552,4 miljoen of 13,7 keer. De verandering vond plaats op US$433,5 miljoen als gevolg van een 3,7-voudige stijging van de prijzen, en ook op US$97,2 miljoen als gevolg van een 2,5-voudige toename van de productiviteit , evenals op US$21,7 miljoen als gevolg van de toename van de bevolking. De gemiddelde jaarlijkse groei van de constructie is 3,5%. De minimumwaarde van de constructie bedroeg US$19,4 miljoen in 1970. De maximumwaarde van de constructie bedroeg US$926,8 miljoen in 2016.

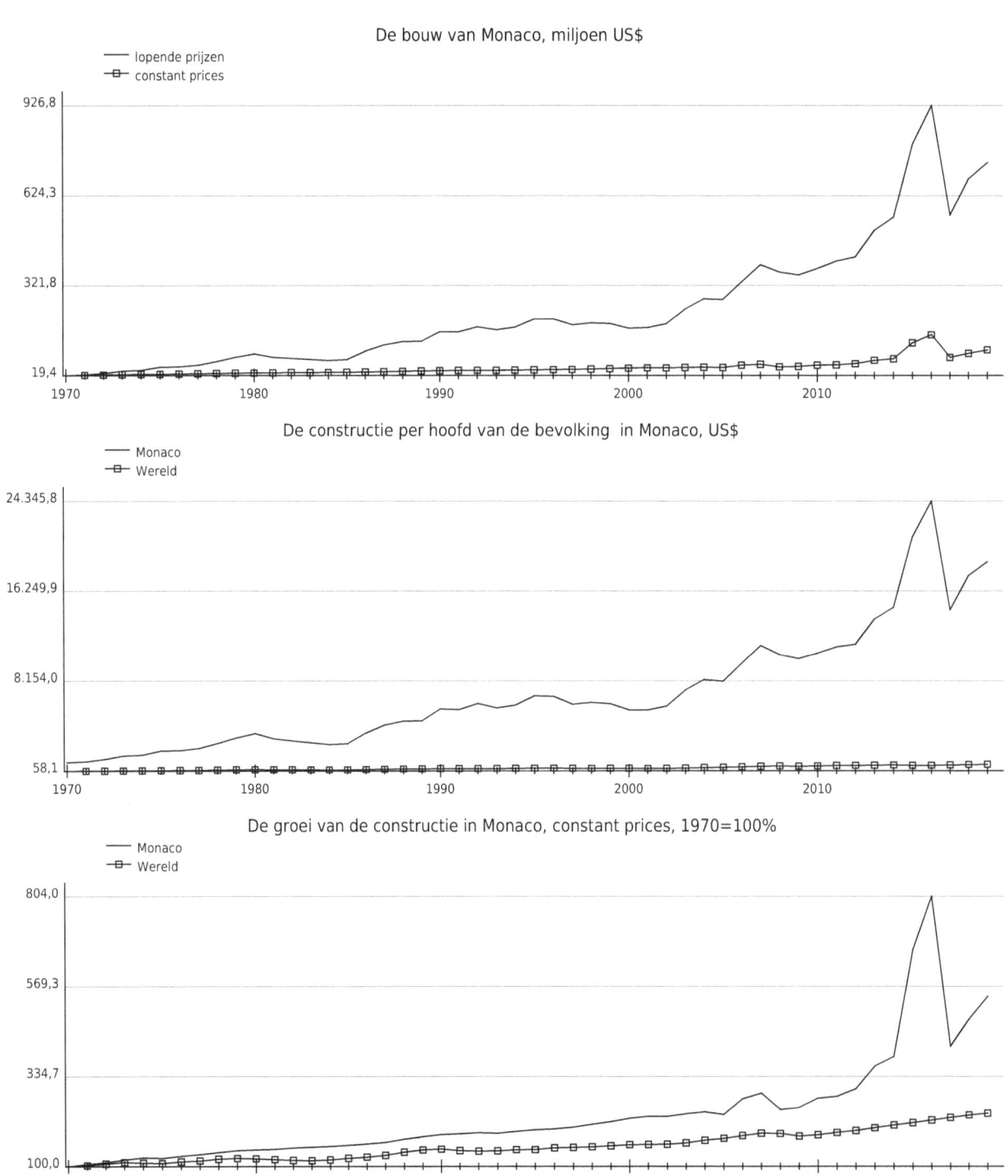

De bouw van Monaco, miljoen US$

De constructie per hoofd van de bevolking in Monaco, US$

De groei van de constructie in Monaco, constant prices, 1970=100%

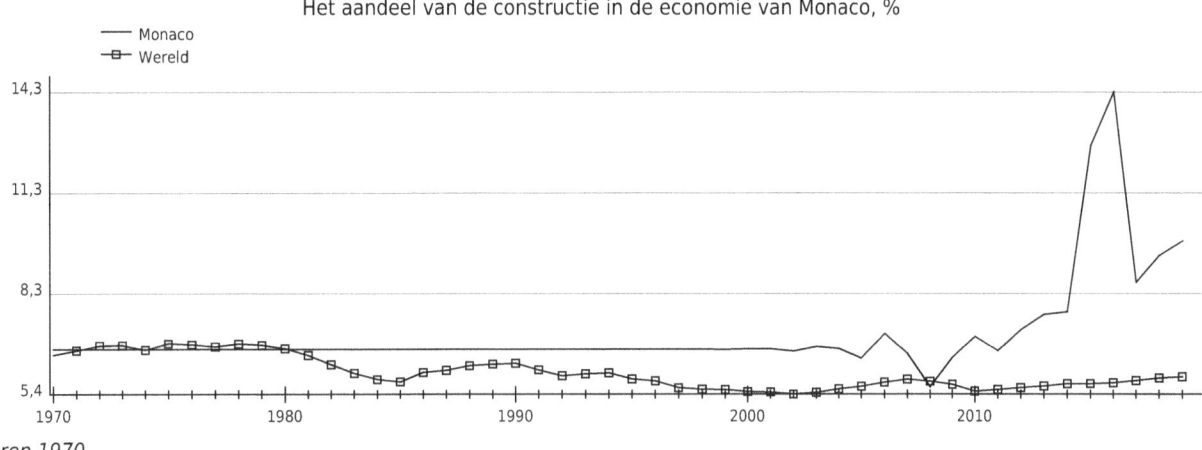

Het aandeel van de constructie in de economie van Monaco, %

de jaren 1970

De sector van de constructie in Monaco bedroeg in de jaren 1970 US$43,4 miljoen per jaar, stond op de 120e plaats in de wereld, en was vergelijkbaar met Haïti (US$42,7 miljoen), Myanmar (US$44,4 miljoen). Het aandeel in de wereld was 0,010%, en 0,022% in Europa.

Het aandeel van de constructie in de economie van Monaco was 6,7% in de jaren 1970, stond op de 85e plaats in de wereld, en was vergelijkbaar met Zweden (6,7%), Tunesië (6,6%).

De sector van de constructie per hoofd in Monaco was $1.740,5 in de jaren 1970s, stond op de 2e plaats in de wereld. De toegevoegde waarde van de constructie per hoofd in Monaco was in 16,4 keer hoger dan de constructie per hoofd van de bevolking in de wereld ($106,1), en was in 6,3 keer hoger dan de constructie per hoofd van de bevolking in Europa ($106,1).

De groei van de constructie in Monaco bedroeg 3.9% in de jaren 1970, stond op de 99e plaats in de wereld, en was vergelijkbaar met San Marino (3,8%), Mozambique (3,8%). De groei van de constructie in Monaco (3,9%) was groter dan de groei van de constructie in de wereld (2,1%), was groter dan de groei van de constructie in Europa (1,3%).

Vergelijking met buren. De constructie van Monaco was minder dan in Frankrijk (US$22,4 miljard) en in Italië (US$16,0 miljard). De toegevoegde waarde van de constructie per hoofd in Monaco was groter dan in Frankrijk (US$417,3) en in Italië (US$290,8). De groei van de constructie in Monaco was groter dan in Frankrijk (2,0%) en in Italië (-0,20%).

Vergelijking met leiders. De sector van de constructie in Monaco was minder dan in de Verenigde Staten (US$81,1 miljard), in de Sovjet-Unie (US$52,5 miljard), in Japan (US$43,5 miljard), in Duitsland (US$33,8 miljard) en in Frankrijk (US$22,4 miljard). De sector van de constructie per hoofd in Monaco was groter dan in Duitsland (US$428,6), in Frankrijk (US$417,3), in Japan (US$390,8), in de Verenigde Staten (US$371,5) en in de Sovjet-Unie (US$208,1). De groei van de constructie in Monaco was groter dan in Japan (3,4%), in Frankrijk (2,0%), in Duitsland (0,66%) en in de Verenigde Staten (0,31%); maar minder dan in de Sovjet-Unie (6,5%).

de jaren 1980

De sector van de constructie in Monaco bedroeg in de jaren 1980 US$95,1 miljoen per jaar, stond op de 115e plaats in de wereld, en was vergelijkbaar met Libanon (US$97,3 miljoen). Het aandeel in de wereld was 0,011%, en 0,027% in Europa.

Het aandeel van de constructie in de economie van Monaco was 6,7% in de jaren 1980, stond op de 66e plaats in de wereld, en was vergelijkbaar met Zuid-Korea (6,7%), Canada (6,7%), Malawi (6,7%).

De sector van de constructie per hoofd in Monaco was $3.351,6 in de jaren 1980s, stond op de 2e plaats in de wereld. De sector van constructie per hoofd in Monaco was in 18,0 keer hoger dan de constructie per hoofd van de bevolking in de wereld ($186,2), en was in 7,2 keer hoger dan de constructie per hoofd van de bevolking in Europa ($186,2).

De groei van de constructie in Monaco bedroeg 2.3% in de jaren 1980, stond op de 94e plaats in de wereld, en was vergelijkbaar met Noorwegen (2,3%). De groei van de constructie in Monaco (2,3%) was groter dan de groei van de constructie in de wereld (1,7%), was groter dan de groei van de constructie in Europa (1,9%).

Vergelijking met buren. De sector van de constructie in Monaco was minder dan in Frankrijk (US$42,5 miljard) en in Italië (US$35,3 miljard). De toegevoegde waarde van de constructie per hoofd in Monaco was groter dan in Frankrijk (US$751,9) en in Italië

(US$620,6). De groei van de constructie in Monaco was groter dan in Italië (0,70%) en in Frankrijk (0,67%).

Vergelijking met leiders. De sector van de constructie in Monaco was minder dan in de Verenigde Staten (US$180,6 miljard), in Japan (US$138,7 miljard), in de Sovjet-Unie (US$72,1 miljard), in Duitsland (US$57,8 miljard) en in Frankrijk (US$42,5 miljard). De toegevoegde waarde van de constructie per hoofd in Monaco was groter dan in Japan (US$1.143,9), in de Verenigde Staten (US$754,4), in Frankrijk (US$751,9), in Duitsland (US$740,2) en in de Sovjet-Unie (US$262,0). De groei van de constructie in Monaco was groter dan in Japan (2,1%), in de Verenigde Staten (1,1%), in Frankrijk (0,67%) en in Duitsland (-0,52%); maar minder dan in de Sovjet-Unie (6,2%).

de jaren 1990

De sector van de constructie in Monaco bedroeg in de jaren 1990 US$186,5 miljoen per jaar, stond op de 129e plaats in de wereld, en was vergelijkbaar met Polynesië (US$186,9 miljoen), Noord-Macedonië (US$187,7 miljoen), Brunei (US$189,6 miljoen). Het aandeel in de wereld was 0,012%, en 0,034% in Europa.

Het aandeel van de constructie in de economie van Monaco was 6,7% in de jaren 1990, stond op de 57e plaats in de wereld, en was vergelijkbaar met Nieuw-Caledonië (6,7%), Singapore (6,7%), Zuid-Europa (6,7%).

De sector van de constructie per hoofd in Monaco was $6.098,0 in de jaren 1990s, stond op de 1e plaats in de wereld. De constructie per hoofd in Monaco was in 21,9 keer hoger dan de constructie per hoofd van de bevolking in de wereld ($278,6), en was in 8,0 keer hoger dan de constructie per hoofd van de bevolking in Europa ($278,6).

De groei van de constructie in Monaco bedroeg 2% in de jaren 1990, stond op de 108e plaats in de wereld. De groei van de constructie in Monaco (2,0%) was groter dan de groei van de constructie in de wereld (0,71%), was groter dan de groei van de constructie in Europa (-1,7%).

Vergelijking met buren. De waarde van de constructie in Monaco was minder dan in Frankrijk (US$68,8 miljard) en in Italië (US$60,1 miljard). De toegevoegde waarde van de constructie per hoofd in Monaco was groter dan in Frankrijk (US$1.158,8) en in Italië (US$1.054,2). De groei van de constructie in Monaco was groter dan in Frankrijk (-0,65%) en in Italië (-0,78%).

Vergelijking met leiders. De constructie van Monaco was minder dan in Japan (US$343,2 miljard), in de Verenigde Staten (US$299,1 miljard), in Duitsland (US$125,2 miljard), in het Verenigd Koninkrijk (US$69,8 miljard) en in Frankrijk (US$68,8 miljard). De waarde van de constructie per hoofd in Monaco was groter dan in Japan (US$2,7 duizend), in Duitsland (US$1.552,3), in het Verenigd Koninkrijk (US$1.205,1), in Frankrijk (US$1.158,8) en in de Verenigde Staten (US$1.131,2). De groei van de constructie in Monaco was groter dan in de Verenigde Staten (1,8%), in Duitsland (-0,047%), in het Verenigd Koninkrijk (-0,34%), in Frankrijk (-0,65%) en in Japan (-1,0%).

de jaren 2000

De constructie van Monaco bedroeg in de jaren 2000 US$279,4 miljoen per jaar, stond op de 139e plaats in de wereld, en was vergelijkbaar met Polynesië (US$280,9 miljoen), Tsjaad (US$281,0 miljoen), Bermuda (US$284,2 miljoen). Het aandeel in de wereld was 0,011%, en 0,033% in Europa.

Het aandeel van de constructie in de economie van Monaco was 6,5% in de jaren 2000, stond op de 79e plaats in de wereld, en was vergelijkbaar met Cambodja (6,5%), Tsjechië (6,5%), Nepal (6,5%).

De toegevoegde waarde van de constructie per hoofd in Monaco was $8.298,6 in de jaren 2000s, stond op de 1e plaats in de wereld. De waarde van de constructie per hoofd in Monaco was in 21,8 keer hoger dan de constructie per hoofd van de bevolking in de wereld ($381,3), en was in 7,2 keer hoger dan de constructie per hoofd van de bevolking in Europa ($381,3).

De groei van de constructie in Monaco bedroeg 1.6% in de jaren 2000, stond op de 157e plaats in de wereld. De groei van de constructie in Monaco (1,6%) was groter dan de groei van de constructie in de wereld (1,5%), was groter dan de groei van de constructie in Europa (0,97%).

Vergelijking met buren. De bouw van Monaco was minder dan in Frankrijk (US$106,0 miljard) en in Italië (US$90,8 miljard). De waarde van de constructie per hoofd in Monaco was groter dan in Frankrijk (US$1.688,4) en in Italië (US$1.566,5). De groei van de constructie in Monaco was groter dan in Frankrijk (1,3%) en in Italië (0,97%).

Vergelijking met leiders. De toegevoegde waarde van de constructie in Monaco was minder dan in de Verenigde Staten (US$583,0 miljard), in Japan (US$270,5 miljard), in China (US$150,1 miljard), in het Verenigd Koninkrijk (US$132,1 miljard) en in Spanje (US$111,8 miljard). De bouw per hoofd in Monaco was groter dan in Spanje (US$2,6 duizend), in het Verenigd Koninkrijk (US$2,2 duizend), in Japan (US$2,1 duizend), in de Verenigde Staten (US$1.983,7) en in China (US$113,1). De groei van de constructie in Monaco was groter dan in het Verenigd Koninkrijk (0,17%), in de Verenigde Staten (-2,6%) en in Japan (-3,9%); maar minder dan in China (11,9%) en in Spanje (1,7%).

de jaren 2010

De sector van de constructie in Monaco bedroeg in de jaren 2010 US$595,8 miljoen per jaar, stond op de 134e plaats in de wereld. Het aandeel in de wereld was 0,014%, en 0,057% in Europa.

Het aandeel van de constructie in de economie van Monaco was 9,2% in de jaren 2010, stond op de 28e plaats in de wereld, en was vergelijkbaar met Qatar (9,1%).

De waarde van de constructie per hoofd in Monaco was $15.924,5 in de jaren 2010s, stond op de 1e plaats in de wereld. De toegevoegde waarde van de constructie per hoofd in Monaco was in 27,8 keer hoger dan de constructie per hoofd van de bevolking in de wereld ($572,1), en was in 11,2 keer hoger dan de constructie per hoofd van de bevolking in Europa ($572,1).

De groei van de constructie in Monaco bedroeg 8% in de jaren 2010, stond op de 32e plaats in de wereld. De groei van de constructie in Monaco (8,0%) was groter dan de groei van de constructie in de wereld (2,9%), was groter dan de groei van de constructie in Europa (0,50%).

Vergelijking met buren. De bouw van Monaco was 231,5 keer minder dan in Frankrijk (US$137,9 miljard) en 147,3 keer minder dan in Italië (US$87,8 miljard). De bouw per hoofd in Monaco was 7,7 keer groter dan in Frankrijk (US$2,1 duizend) en 10,9 keer groter dan in Italië (US$1.456,5). De groei van de constructie in Monaco was groter dan in Frankrijk (-0,78%) en in Italië (-3,2%).

Vergelijking met leiders. De waarde van de constructie in Monaco was 1.227,1 keer minder dan in China (US$731,1 miljard), 1.142,6 keer minder dan in de Verenigde Staten (US$680,8 miljard), 467,7 keer minder dan in Japan (US$278,7 miljard), 282,1 keer minder dan in India (US$168,1 miljard) en 257,2 keer minder dan in Duitsland (US$153,2 miljard). De bouw per hoofd in Monaco was 7,3 keer groter dan in Japan (US$2,2 duizend), 7,5 keer groter dan in de Verenigde Staten (US$2,1 duizend), 8,5 keer groter dan in Duitsland (US$1.871,9), 30,5 keer groter dan in China (US$521,3) en 123,3 keer groter dan in India (US$129,1). De groei van de constructie in Monaco was groter dan in India (5,2%), in Duitsland (1,8%), in Japan (1,7%) en in de Verenigde Staten (1,4%); maar minder dan in China (8,2%).

Hoofdstuk VI. Vervoer

Transport, opslag en communicatie (ISIC I)

De sector van het transport in Monaco steeg van US$61,2 miljoen per jaar in de jaren 1970 tot US$566,6 miljoen per jaar in de jaren 2010, dat wil zeggen met US$505,3 miljoen of 9,3 keer. De verandering vond plaats op US$406,1 miljoen als gevolg van een 3,5-voudige stijging van de prijzen, en ook op US$68,7 miljoen als gevolg van een 1,7-voudige toename van de productiviteit , evenals op US$30,6 miljoen als gevolg van de toename van de bevolking. De gemiddelde jaarlijkse groei van het transport is 2,7%. De minimumwaarde van het transport bedroeg US$27,3 miljoen in 1970. De maximumwaarde van het transport bedroeg US$629,7 miljoen in 2019.

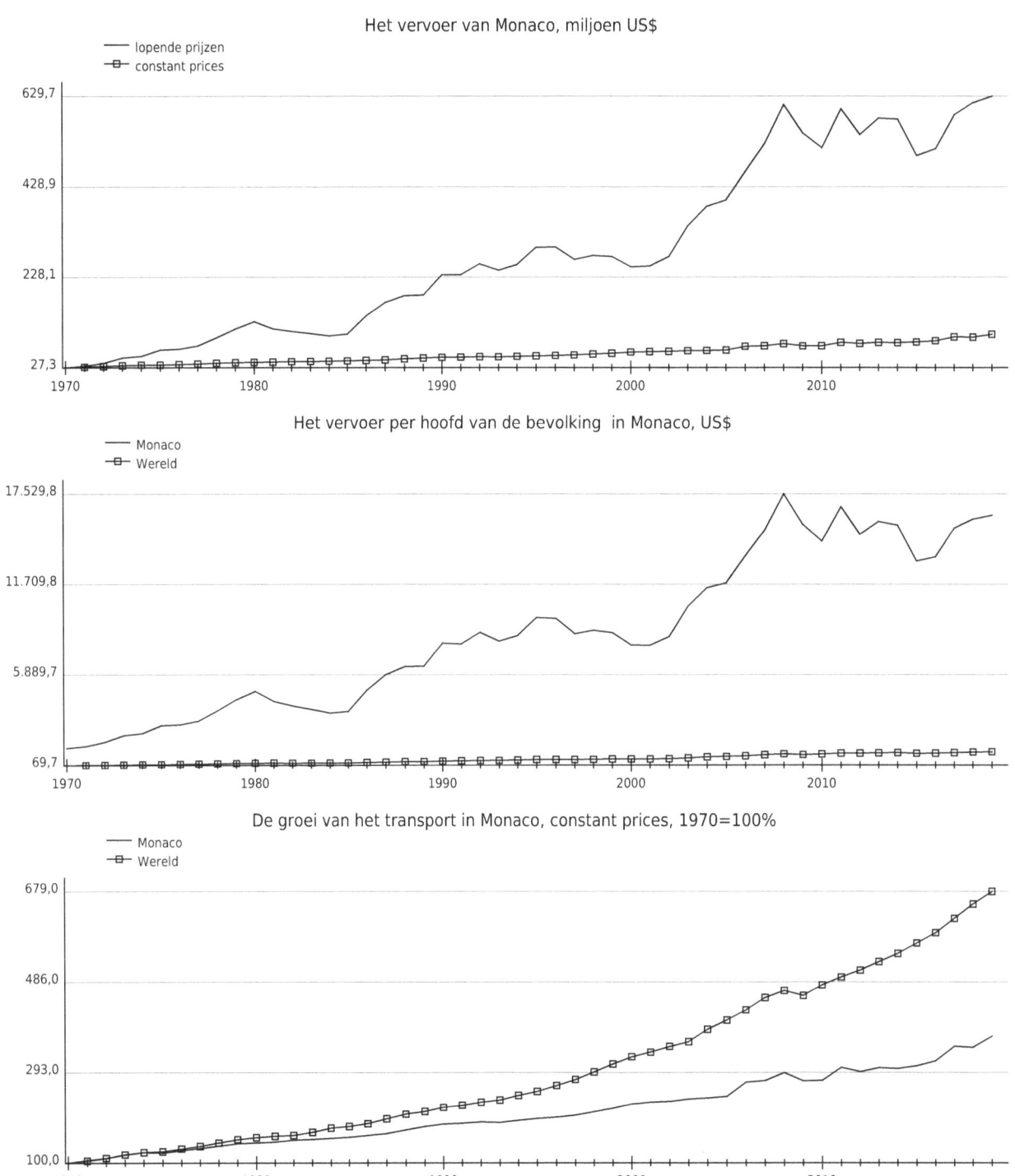

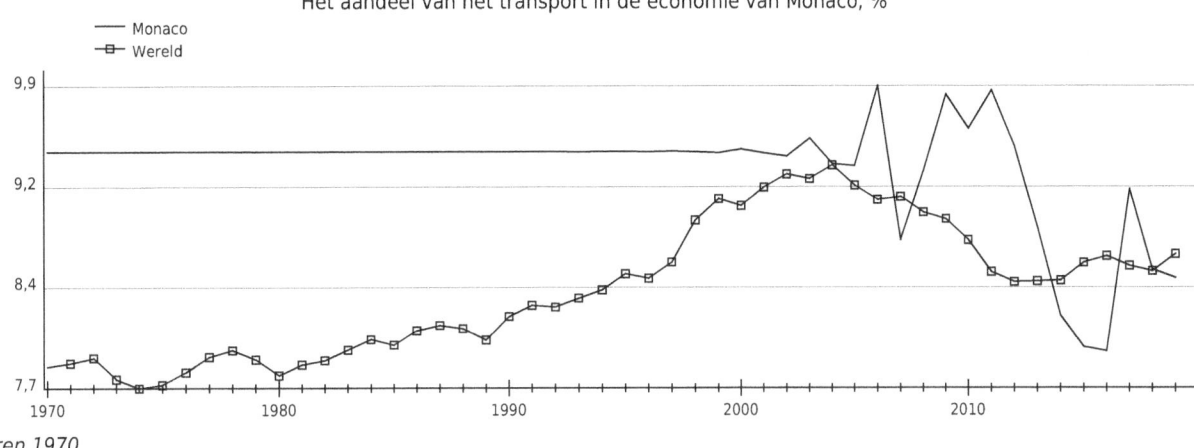

Het aandeel van het transport in de economie van Monaco, %

de jaren 1970

De sector van het transport in Monaco bedroeg in de jaren 1970 US$61,2 miljoen per jaar, stond op de 108e plaats in de wereld. Het aandeel in de wereld was 0,012%, en 0,034% in Europa.

Het aandeel van het transport in de economie van Monaco was 9,4% in de jaren 1970, stond op de 43e plaats in de wereld, en was vergelijkbaar met Finland (9,5%), Griekenland (9,5%), Melanesië (9,5%).

De sector van het transport per hoofd in Monaco was $2.453,6 in de jaren 1970s, stond op de 1e plaats in de wereld. De sector van het transport per hoofd in Monaco was in 20,1 keer hoger dan het transport per hoofd van de bevolking in de wereld ($122,3), en was in 9,9 keer hoger dan het transport per hoofd van de bevolking in Europa ($122,3).

De groei van het transport in Monaco bedroeg 3.9% in de jaren 1970, stond op de 124e plaats in de wereld, en was vergelijkbaar met Anguilla (3,8%), San Marino (3,8%), Mozambique (3,8%). De groei van het transport in Monaco (3,9%) was minder dan de groei van het transport in de wereld (4,6%), was minder dan de groei van het transport in Europa (4,3%).

Vergelijking met buren. De sector van het transport in Monaco was minder dan in Frankrijk (US$24,0 miljard) en in Italië (US$15,2 miljard). De toegevoegde waarde van het transport per hoofd in Monaco was groter dan in Frankrijk (US$447,4) en in Italië (US$276,0). De groei van het transport in Monaco was minder dan in Italië (5,6%) en in Frankrijk (4,1%).

Vergelijking met leiders. De waarde van het transport in Monaco was minder dan in de Verenigde Staten (US$168,6 miljard), in Japan (US$46,4 miljard), in Duitsland (US$29,6 miljard), in de Sovjet-Unie (US$28,8 miljard) en in Frankrijk (US$24,0 miljard). De sector van het transport per hoofd in Monaco was groter dan in de Verenigde Staten (US$772,4), in Frankrijk (US$447,4), in Japan (US$416,6), in Duitsland (US$376,1) en in de Sovjet-Unie (US$114,0). De groei van het transport in Monaco was groter dan in Duitsland (3,0%) en in Japan (1,7%); maar minder dan in de Sovjet-Unie (8,1%), in de Verenigde Staten (4,2%) en in Frankrijk (4,1%).

de jaren 1980

De waarde van het transport in Monaco bedroeg in de jaren 1980 US$134,1 miljoen per jaar, stond op de 113e plaats in de wereld, en was vergelijkbaar met Namibië (US$132,8 miljoen), Qatar (US$135,5 miljoen), Guinee (US$136,9 miljoen). Het aandeel in de wereld was 0,011%, en 0,035% in Europa.

Het aandeel van het transport in de economie van Monaco was 9,4% in de jaren 1980, stond op de 49e plaats in de wereld, en was vergelijkbaar met Zuid-Afrika (9,4%), Pakistan (9,4%), de Verenigde Staten (9,5%).

De sector van het transport per hoofd in Monaco was $4.724,9 in de jaren 1980s, stond op de 1e plaats in de wereld. De sector van het transport per hoofd in Monaco was in 19,5 keer hoger dan het transport per hoofd van de bevolking in de wereld ($242,0), en was in 9,6 keer hoger dan het transport per hoofd van de bevolking in Europa ($242,0).

De groei van het transport in Monaco bedroeg 2.3% in de jaren 1980, stond op de 134e plaats in de wereld, en was vergelijkbaar met Vanuatu (2,4%). De groei van het transport in Monaco (2,3%) was minder dan de groei van het transport in de wereld (3,4%), was minder dan de groei van het transport in Europa (2,8%).

Vergelijking met buren. Het transport van Monaco was minder dan in Frankrijk (US$56,2 miljard) en in Italië (US$46,1 miljard). De toegevoegde waarde van het transport per hoofd in Monaco was groter dan in Frankrijk (US$993,7) en in Italië (US$812,2). De groei van het transport in Monaco was minder dan in Frankrijk (5,4%) en in Italië (3,9%).

Vergelijking met leiders. De sector van het transport in Monaco was minder dan in de Verenigde Staten (US$394,9 miljard), in Japan (US$147,7 miljard), in Duitsland (US$56,6 miljard), in Frankrijk (US$56,2 miljard) en in het Verenigd Koninkrijk (US$53,0 miljard). De waarde van het transport per hoofd in Monaco was groter dan in de Verenigde Staten (US$1.649,2), in Japan (US$1.217,8), in Frankrijk (US$993,7), in het Verenigd Koninkrijk (US$938,7) en in Duitsland (US$725,5). De groei van het transport in Monaco was groter dan in Duitsland (1,8%); maar minder dan in Frankrijk (5,4%), in Japan (4,7%), in de Verenigde Staten (3,6%) en in het Verenigd Koninkrijk (3,0%).

de jaren 1990

De waarde van het transport in Monaco bedroeg in de jaren 1990 US$263,0 miljoen per jaar, stond op de 122e plaats in de wereld. Het aandeel in de wereld was 0,011%, en 0,034% in Europa.

Het aandeel van het transport in de economie van Monaco was 9,4% in de jaren 1990, stond op de 69e plaats in de wereld, en was vergelijkbaar met Bulgarije (9,4%), Australazië (9,4%), de Maldiven (9,4%).

De sector van het transport per hoofd in Monaco was $8.596,8 in de jaren 1990s, stond op de 1e plaats in de wereld. De sector van het transport per hoofd in Monaco was in 21,0 keer hoger dan het transport per hoofd van de bevolking in de wereld ($409,5), en was in 8,0 keer hoger dan het transport per hoofd van de bevolking in Europa ($409,5).

De groei van het transport in Monaco bedroeg 2% in de jaren 1990, stond op de 155e plaats in de wereld. De groei van het transport in Monaco (2,0%) was minder dan de groei van het transport in de wereld (4,0%), was minder dan de groei van het transport in Europa (2,4%).

Vergelijking met buren. De waarde van het transport in Monaco was minder dan in Frankrijk (US$118,7 miljard) en in Italië (US$94,2 miljard). De waarde van het transport per hoofd in Monaco was groter dan in Frankrijk (US$1.999,2) en in Italië (US$1.651,1). De groei van het transport in Monaco was minder dan in Frankrijk (4,8%) en in Italië (4,1%).

Vergelijking met leiders. Het vervoer van Monaco was minder dan in de Verenigde Staten (US$702,6 miljard), in Japan (US$373,9 miljard), in Duitsland (US$144,3 miljard), in Frankrijk (US$118,7 miljard) en in het Verenigd Koninkrijk (US$117,6 miljard). De toegevoegde waarde van het transport per hoofd in Monaco was groter dan in Japan (US$3,0 duizend), in de Verenigde Staten (US$2,7 duizend), in het Verenigd Koninkrijk (US$2,0 duizend), in Frankrijk (US$1.999,2) en in Duitsland (US$1.789,0). De groei van het transport in Monaco was minder dan in de Verenigde Staten (5,0%), in Frankrijk (4,8%), in het Verenigd Koninkrijk (4,7%), in Duitsland (3,9%) en in Japan (3,0%).

de jaren 2000

De waarde van het transport in Monaco bedroeg in de jaren 2000 US$404,9 miljoen per jaar, stond op de 131e plaats in de wereld, en was vergelijkbaar met Nieuw-Caledonië (US$410,4 miljoen). Het aandeel in de wereld was 0,010%, en 0,030% in Europa.

Het aandeel van het transport in de economie van Monaco was 9,4% in de jaren 2000, stond op de 95e plaats in de wereld, en was vergelijkbaar met Somalië (9,4%), West-Europa (9,4%), de Verenigde Staten (9,4%).

De toegevoegde waarde van het transport per hoofd in Monaco was $12.024,6 in de jaren 2000s, stond op de 1e plaats in de wereld. Het transport per hoofd in Monaco was in 19,4 keer hoger dan het transport per hoofd van de bevolking in de wereld ($621,1), en was in 6,5 keer hoger dan het transport per hoofd van de bevolking in Europa ($621,1).

De groei van het transport in Monaco bedroeg 2.4% in de jaren 2000, stond op de 161e plaats in de wereld, en was vergelijkbaar met Saint Lucia (2,5%), de Salomonseilanden (2,5%). De groei van het transport in Monaco (2,4%) was minder dan de groei van het transport in de wereld (3,9%), was minder dan de groei van het transport in Europa (3,1%).

Vergelijking met buren. De waarde van het transport in Monaco was minder dan in Frankrijk (US$185,6 miljard) en in Italië (US$151,8 miljard). Het vervoer per hoofd in Monaco was groter dan in Frankrijk (US$3,0 duizend) en in Italië (US$2,6 duizend). De groei van het transport in Monaco was minder dan in Frankrijk (2,7%) en in Italië (2,5%).

Vergelijking met leiders. Het transport van Monaco was minder dan in de Verenigde Staten (US$1,2 biljoen), in Japan (US$468,5 miljard), in Duitsland (US$228,2 miljard), in het Verenigd Koninkrijk (US$215,9 miljard) en in Frankrijk (US$185,6 miljard). Het transport per hoofd in Monaco was groter dan in de Verenigde Staten (US$4,0 duizend), in Japan (US$3,7 duizend), in het Verenigd

Koninkrijk (US$3,6 duizend), in Frankrijk (US$3,0 duizend) en in Duitsland (US$2,8 duizend). De groei van het transport in Monaco was groter dan in Japan (1,5%); maar minder dan in Duitsland (3,4%), in het Verenigd Koninkrijk (3,1%), in de Verenigde Staten (3,1%) en in Frankrijk (2,7%).

de jaren 2010

De sector van het transport in Monaco bedroeg in de jaren 2010 US$566,6 miljoen per jaar, stond op de 146e plaats in de wereld, en was vergelijkbaar met Rwanda (US$564,6 miljoen), Namibië (US$579,9 miljoen). Het aandeel in de wereld was 0,0089%, en 0,031% in Europa.

Het aandeel van het transport in de economie van Monaco was 8,8% in de jaren 2010, stond op de 109e plaats in de wereld, en was vergelijkbaar met El Salvador (8,8%), Egypte (8,8%), Cuba (8,8%).

De sector van het transport per hoofd in Monaco was $15.143,1 in de jaren 2010s, stond op de 1e plaats in de wereld. De sector van het transport per hoofd in Monaco was in 17,5 keer hoger dan het transport per hoofd van de bevolking in de wereld ($864,8), en was in 6,3 keer hoger dan het transport per hoofd van de bevolking in Europa ($864,8).

De groei van het transport in Monaco bedroeg 3% in de jaren 2010, stond op de 137e plaats in de wereld, en was vergelijkbaar met Saint Lucia (3,0%), Letland (3,0%). De groei van het transport in Monaco (3,0%) was minder dan de groei van het transport in de wereld (4,0%), was groter dan de groei van het transport in Europa (2,6%).

Vergelijking met buren. De waarde van het transport in Monaco was 409,5 keer minder dan in Frankrijk (US$232,0 miljard) en 303,8 keer minder dan in Italië (US$172,1 miljard). De sector van het transport per hoofd in Monaco was 4,3 keer groter dan in Frankrijk (US$3,5 duizend) en 5,3 keer groter dan in Italië (US$2,9 duizend). De groei van het transport in Monaco was groter dan in Frankrijk (2,6%) en in Italië (0,10%).

Vergelijking met leiders. Het transport van Monaco was 3.156,5 keer minder dan in de Verenigde Staten (US$1,8 biljoen), 935,1 keer minder dan in Japan (US$529,8 miljard), 819,4 keer minder dan in China (US$464,2 miljard), 529,5 keer minder dan in Duitsland (US$300,0 miljard) en 454,9 keer minder dan in het Verenigd Koninkrijk (US$257,7 miljard). De sector van het transport per hoofd in Monaco was 2,7 keer groter dan in de Verenigde Staten (US$5,6 duizend), 3,7 keer groter dan in Japan (US$4,1 duizend), 3,9 keer groter dan in het Verenigd Koninkrijk (US$3,9 duizend), 4,1 keer groter dan in Duitsland (US$3,7 duizend) en 45,7 keer groter dan in China (US$331,0). De groei van het transport in Monaco was groter dan in het Verenigd Koninkrijk (2,8%), in Duitsland (2,7%) en in Japan (0,81%); maar minder dan in China (7,5%) en in de Verenigde Staten (5,1%).

Hoofdstuk VII. Handel

Groothandel, detailhandel, restaurants en hotels (ISIC G-H)

De waarde van de handel in Monaco steeg van US$259,1 miljoen per jaar in de jaren 1970 tot US$1,5 miljard per jaar in de jaren 2010, dat wil zeggen met US$1,2 miljard of 5,7 keer. De verandering vond plaats op US$1,1 miljard als gevolg van een 3,8-voudige stijging van de prijzen, en ook op US$5,8 miljoen als gevolg van een 1,0-voudige toename van de productiviteit , evenals op US$129,4 miljoen als gevolg van de toename van de bevolking. De gemiddelde jaarlijkse groei van de handel is 1,7%. De minimumwaarde van de handel bedroeg US$115,4 miljoen in 1970. De maximumwaarde van de handel bedroeg US$2,6 miljard in 2008.

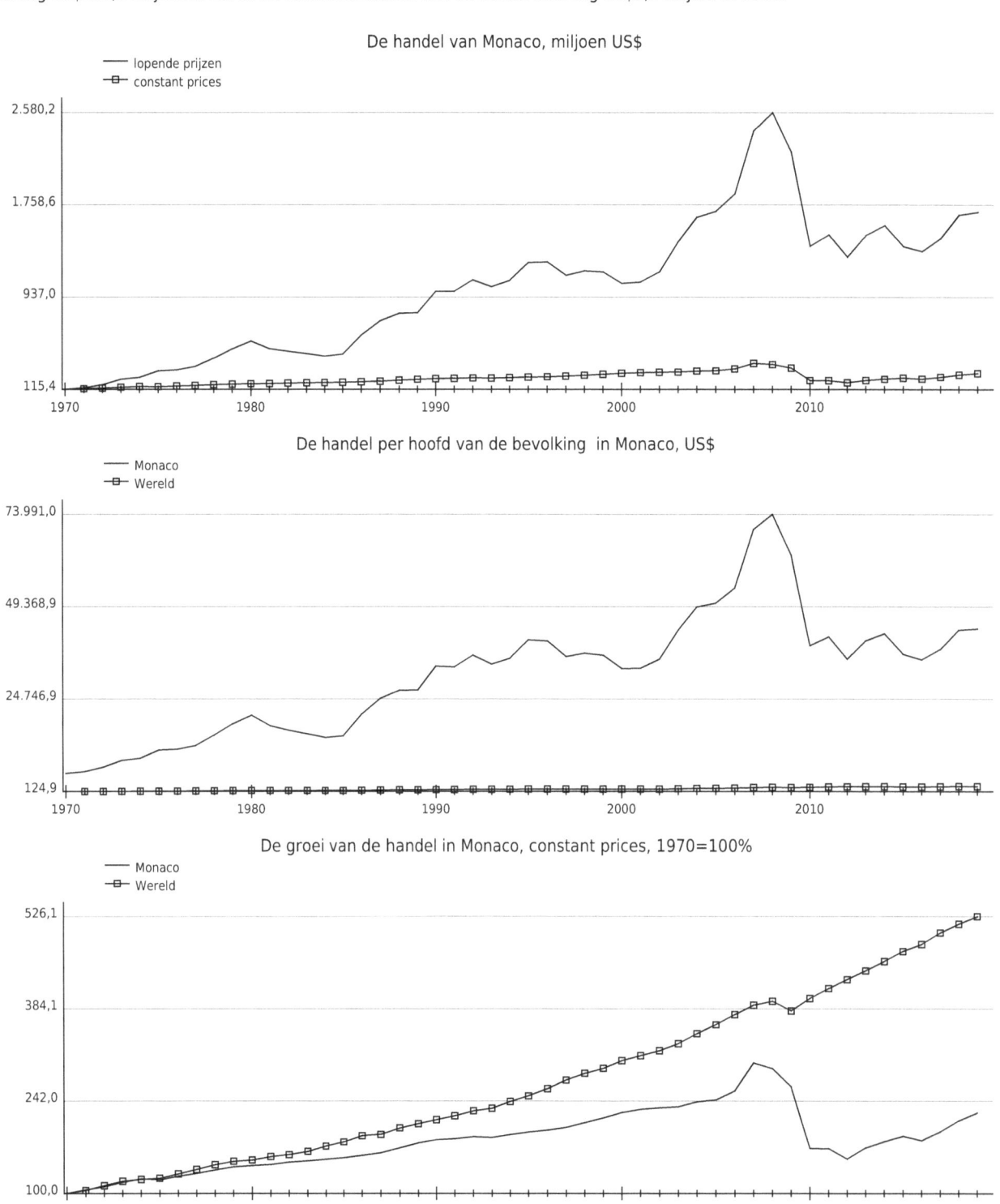

De handel van Monaco, miljoen US$

De handel per hoofd van de bevolking in Monaco, US$

De groei van de handel in Monaco, constant prices, 1970=100%

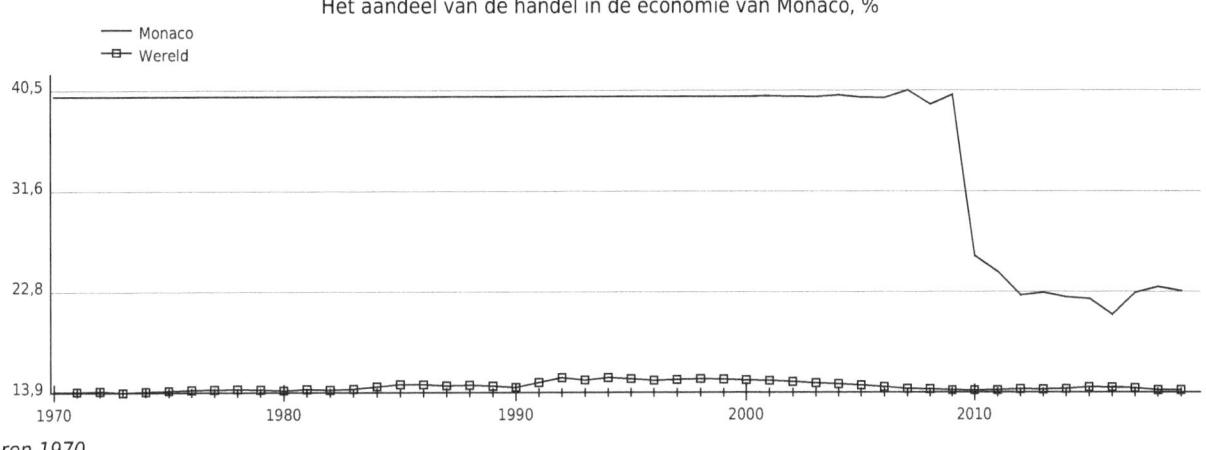

Het aandeel van de handel in de economie van Monaco, %

de jaren 1970

De handel van Monaco bedroeg in de jaren 1970 US$259,1 miljoen per jaar, stond op de 99e plaats in de wereld, en was vergelijkbaar met Honduras (US$262,4 miljoen), Kenia (US$264,7 miljoen). Het aandeel in de wereld was 0,029%, en 0,079% in Europa.

Het aandeel van de handel in de economie van Monaco was 39,9% in de jaren 1970, stond op de 2e plaats in de wereld.

De waarde van de handel per hoofd in Monaco was $10.382,5 in de jaren 1970s, stond op de 1e plaats in de wereld. De handel per hoofd in Monaco was in 47,0 keer hoger dan de handel per hoofd van de bevolking in de wereld ($221,0), en was in 23,1 keer hoger dan de handel per hoofd van de bevolking in Europa ($221,0).

De groei van de handel in Monaco bedroeg 3.9% in de jaren 1970, stond op de 111e plaats in de wereld, en was vergelijkbaar met San Marino (3,8%), Mozambique (3,9%). De groei van de handel in Monaco (3,9%) was minder dan de groei van de handel in de wereld (4,5%), was groter dan de groei van de handel in Europa (3,6%).

Vergelijking met buren. De toegevoegde waarde van de handel in Monaco was minder dan in Frankrijk (US$40,9 miljard) en in Italië (US$31,7 miljard). De toegevoegde waarde van de handel per hoofd in Monaco was groter dan in Frankrijk (US$762,4) en in Italië (US$575,6). De groei van de handel in Monaco was groter dan in Italië (3,8%); maar minder dan in Frankrijk (3,9%).

Vergelijking met leiders. De toegevoegde waarde van de handel in Monaco was minder dan in de Verenigde Staten (US$278,3 miljard), in Japan (US$90,3 miljard), in de Sovjet-Unie (US$62,3 miljard), in Duitsland (US$61,1 miljard) en in Frankrijk (US$40,9 miljard). De handel per hoofd in Monaco was groter dan in de Verenigde Staten (US$1.275,1), in Japan (US$811,1), in Duitsland (US$775,5), in Frankrijk (US$762,4) en in de Sovjet-Unie (US$247,1). De groei van de handel in Monaco was groter dan in Duitsland (3,0%); maar minder dan in Japan (8,2%), in de Sovjet-Unie (5,2%), in Frankrijk (3,9%) en in de Verenigde Staten (3,9%).

de jaren 1980

De waarde van de handel in Monaco bedroeg in de jaren 1980 US$567,2 miljoen per jaar, stond op de 96e plaats in de wereld, en was vergelijkbaar met Madagaskar (US$562,5 miljoen), Kenia (US$573,1 miljoen). Het aandeel in de wereld was 0,027%, en 0,080% in Europa.

Het aandeel van de handel in de economie van Monaco was 39,9% in de jaren 1980, stond op de 3e plaats in de wereld.

De handel per hoofd in Monaco was $19.993,4 in de jaren 1980s, stond op de 1e plaats in de wereld. De sector van de handel per hoofd in Monaco was in 45,7 keer hoger dan de handel per hoofd van de bevolking in de wereld ($437,7), en was in 21,7 keer hoger dan de handel per hoofd van de bevolking in Europa ($437,7).

De groei van de handel in Monaco bedroeg 2.3% in de jaren 1980, stond op de 112e plaats in de wereld, en was vergelijkbaar met Montserrat (2,3%), Soedan (2,3%). De groei van de handel in Monaco (2,3%) was minder dan de groei van de handel in de wereld (3,3%), was groter dan de groei van de handel in Europa (1,9%).

Vergelijking met buren. De toegevoegde waarde van de handel in Monaco was minder dan in Italië (US$95,7 miljard) en in Frankrijk (US$88,3 miljard). De toegevoegde waarde van de handel per hoofd in Monaco was groter dan in Italië (US$1.684,2) en in Frankrijk (US$1.563,0). De groei van de handel in Monaco was groter dan in Italië (2,3%); maar minder dan in Frankrijk (2,6%).

Vergelijking met leiders. De toegevoegde waarde van de handel in Monaco was minder dan in de Verenigde Staten (US$653,3 miljard), in Japan (US$277,3 miljard), in Duitsland (US$116,7 miljard), in de Sovjet-Unie (US$112,3 miljard) en in Italië (US$95,7 miljard). De toegevoegde waarde van de handel per hoofd in Monaco was groter dan in de Verenigde Staten (US$2,7 duizend), in Japan (US$2,3 duizend), in Italië (US$1.684,2), in Duitsland (US$1.496,0) en in de Sovjet-Unie (US$408,1). De groei van de handel in Monaco was groter dan in Italië (2,3%), in Duitsland (1,8%) en in de Sovjet-Unie (-0,62%); maar minder dan in Japan (4,9%) en in de Verenigde Staten (4,4%).

de jaren 1990

De sector van de handel in Monaco bedroeg in de jaren 1990 US$1,1 miljard per jaar, stond op de 98e plaats in de wereld, en was vergelijkbaar met Ethiopië (US$1,1 miljard). Het aandeel in de wereld was 0,027%, en 0,085% in Europa.

Het aandeel van de handel in de economie van Monaco was 39,9% in de jaren 1990, stond op de 3e plaats in de wereld, en was vergelijkbaar met Andorra (40,2%).

De sector van de handel per hoofd in Monaco was $36.380,6 in de jaren 1990s, stond op de 1e plaats in de wereld. De waarde van de handel per hoofd in Monaco was in 50,4 keer hoger dan de handel per hoofd van de bevolking in de wereld ($721,8), en was in 20,2 keer hoger dan de handel per hoofd van de bevolking in Europa ($721,8).

De groei van de handel in Monaco bedroeg 2% in de jaren 1990, stond op de 130e plaats in de wereld, en was vergelijkbaar met Europa (2,0%), Nigeria (2,0%). De groei van de handel in Monaco (2,0%) was minder dan de groei van de handel in de wereld (3,5%), was groter dan de groei van de handel in Europa (2,0%).

Vergelijking met buren. De toegevoegde waarde van de handel in Monaco was minder dan in Italië (US$185,6 miljard) en in Frankrijk (US$177,0 miljard). De handel per hoofd in Monaco was groter dan in Italië (US$3,3 duizend) en in Frankrijk (US$3,0 duizend). De groei van de handel in Monaco was groter dan in Italië (1,9%); maar minder dan in Frankrijk (2,4%).

Vergelijking met leiders. De toegevoegde waarde van de handel in Monaco was minder dan in de Verenigde Staten (US$1,2 biljoen), in Japan (US$713,2 miljard), in Duitsland (US$243,7 miljard), in Italië (US$185,6 miljard) en in Frankrijk (US$177,0 miljard). De handel per hoofd in Monaco was groter dan in Japan (US$5,7 duizend), in de Verenigde Staten (US$4,4 duizend), in Italië (US$3,3 duizend), in Duitsland (US$3,0 duizend) en in Frankrijk (US$3,0 duizend). De groei van de handel in Monaco was groter dan in Italië (1,9%); maar minder dan in de Verenigde Staten (4,3%), in Japan (3,8%), in Duitsland (2,5%) en in Frankrijk (2,4%).

de jaren 2000

De sector van de handel in Monaco bedroeg in de jaren 2000 US$1,7 miljard per jaar, stond op de 103e plaats in de wereld, en was vergelijkbaar met Oezbekistan (US$1,7 miljard), Zimbabwe (US$1,8 miljard). Het aandeel in de wereld was 0,027%, en 0,085% in Europa.

Het aandeel van de handel in de economie van Monaco was 39,9% in de jaren 2000, stond op de 1e plaats in de wereld.

De waarde van de handel per hoofd in Monaco was $50.942,0 in de jaren 2000s, stond op de 1e plaats in de wereld. De toegevoegde waarde van de handel per hoofd in Monaco was in 51,4 keer hoger dan de handel per hoofd van de bevolking in de wereld ($990,3), en was in 18,4 keer hoger dan de handel per hoofd van de bevolking in Europa ($990,3).

De groei van de handel in Monaco bedroeg 2% in de jaren 2000, stond op de 150e plaats in de wereld, en was vergelijkbaar met Polynesië (2,0%), Spanje (2,0%). De groei van de handel in Monaco (2,0%) was minder dan de groei van de handel in de wereld (2,7%), was minder dan de groei van de handel in Europa (2,2%).

Vergelijking met buren. De waarde van de handel in Monaco was minder dan in Frankrijk (US$256,9 miljard) en in Italië (US$244,3 miljard). De toegevoegde waarde van de handel per hoofd in Monaco was groter dan in Italië (US$4,2 duizend) en in Frankrijk (US$4,1 duizend). De groei van de handel in Monaco was groter dan in Frankrijk (1,2%) en in Italië (0,45%).

Vergelijking met leiders. De handel van Monaco was minder dan in de Verenigde Staten (US$1,9 biljoen), in Japan (US$771,8 miljard), in Duitsland (US$296,0 miljard), in het Verenigd Koninkrijk (US$293,5 miljard) en in China (US$262,0 miljard). De handel per hoofd in Monaco was groter dan in de Verenigde Staten (US$6,4 duizend), in Japan (US$6,0 duizend), in het Verenigd Koninkrijk (US$4,9 duizend), in Duitsland (US$3,6 duizend) en in China (US$197,5). De groei van de handel in Monaco was groter dan in Duitsland (1,7%), in het Verenigd Koninkrijk (1,3%), in de Verenigde Staten (1,1%) en in Japan (-0,77%); maar minder dan in China (11,9%).

de jaren 2010

De toegevoegde waarde van de handel in Monaco bedroeg in de jaren 2010 US$1,5 miljard per jaar, stond op de 139e plaats in de wereld, en was vergelijkbaar met Congo (US$1,5 miljard). Het aandeel in de wereld was 0,014%, en 0,055% in Europa.

Het aandeel van de handel in de economie van Monaco was 22,9% in de jaren 2010, stond op de 27e plaats in de wereld, en was vergelijkbaar met Belize (22,9%), de Bahama's (23,0%), Jamaica (22,7%).

De toegevoegde waarde van de handel per hoofd in Monaco was $39.525,4 in de jaren 2010s, stond op de 1e plaats in de wereld. De toegevoegde waarde van de handel per hoofd in Monaco was in 27,5 keer hoger dan de handel per hoofd van de bevolking in de wereld ($1.436,8), en was in 10,9 keer hoger dan de handel per hoofd van de bevolking in Europa ($1.436,8).

De groei van de handel in Monaco bedroeg -1.6% in de jaren 2010, stond op de 199e plaats in de wereld. De groei van de handel in Monaco (-1,6%) was minder dan de groei van de handel in de wereld (3,3%), was minder dan de groei van de handel in Europa (2,0%).

Vergelijking met buren. De toegevoegde waarde van de handel in Monaco was 213,3 keer minder dan in Frankrijk (US$315,4 miljard) en 190,8 keer minder dan in Italië (US$282,2 miljard). De waarde van de handel per hoofd in Monaco was 8,3 keer groter dan in Frankrijk (US$4,8 duizend) en 8,4 keer groter dan in Italië (US$4,7 duizend). De groei van de handel in Monaco was minder dan in Frankrijk (1,9%) en in Italië (1,6%).

Vergelijking met leiders. De sector van de handel in Monaco was 1.768,6 keer minder dan in de Verenigde Staten (US$2,6 biljoen), 807,7 keer minder dan in China (US$1,2 biljoen), 588,0 keer minder dan in Japan (US$869,5 miljard), 252,0 keer minder dan in Duitsland (US$372,6 miljard) en 223,1 keer minder dan in het Verenigd Koninkrijk (US$330,0 miljard). De toegevoegde waarde van de handel per hoofd in Monaco was 4,8 keer groter dan in de Verenigde Staten (US$8,2 duizend), 5,8 keer groter dan in Japan (US$6,8 duizend), 7,9 keer groter dan in het Verenigd Koninkrijk (US$5,0 duizend), 8,7 keer groter dan in Duitsland (US$4,6 duizend) en 46,4 keer groter dan in China (US$851,7). De groei van de handel in Monaco was minder dan in China (8,9%), in het Verenigd Koninkrijk (2,8%), in de Verenigde Staten (2,3%), in Duitsland (2,0%) en in Japan (0,77%).

Hoofdstuk VIII. Diensten

(ISIC J-P)

De diensten van Monaco zijn gestegen van US$245,5 miljoen per jaar in de jaren 1970 tot US$3,5 miljard per jaar in de jaren 2010, dat wil zeggen met US$3,3 miljard of 14,3 keer. De verandering vond plaats op US$2,6 miljard als gevolg van een 3,7-voudige stijging van de prijzen, en ook op US$579,7 miljoen als gevolg van een 2,6-voudige toename van de productiviteit , evenals op US$122,6 miljoen als gevolg van de toename van de bevolking. De gemiddelde jaarlijkse groei van de diensten is 3,7%. De minimumwaarde van de diensten bedroeg US$109,4 miljoen in 1970. De maximumwaarde van de diensten bedroeg US$4,1 miljard in 2019.

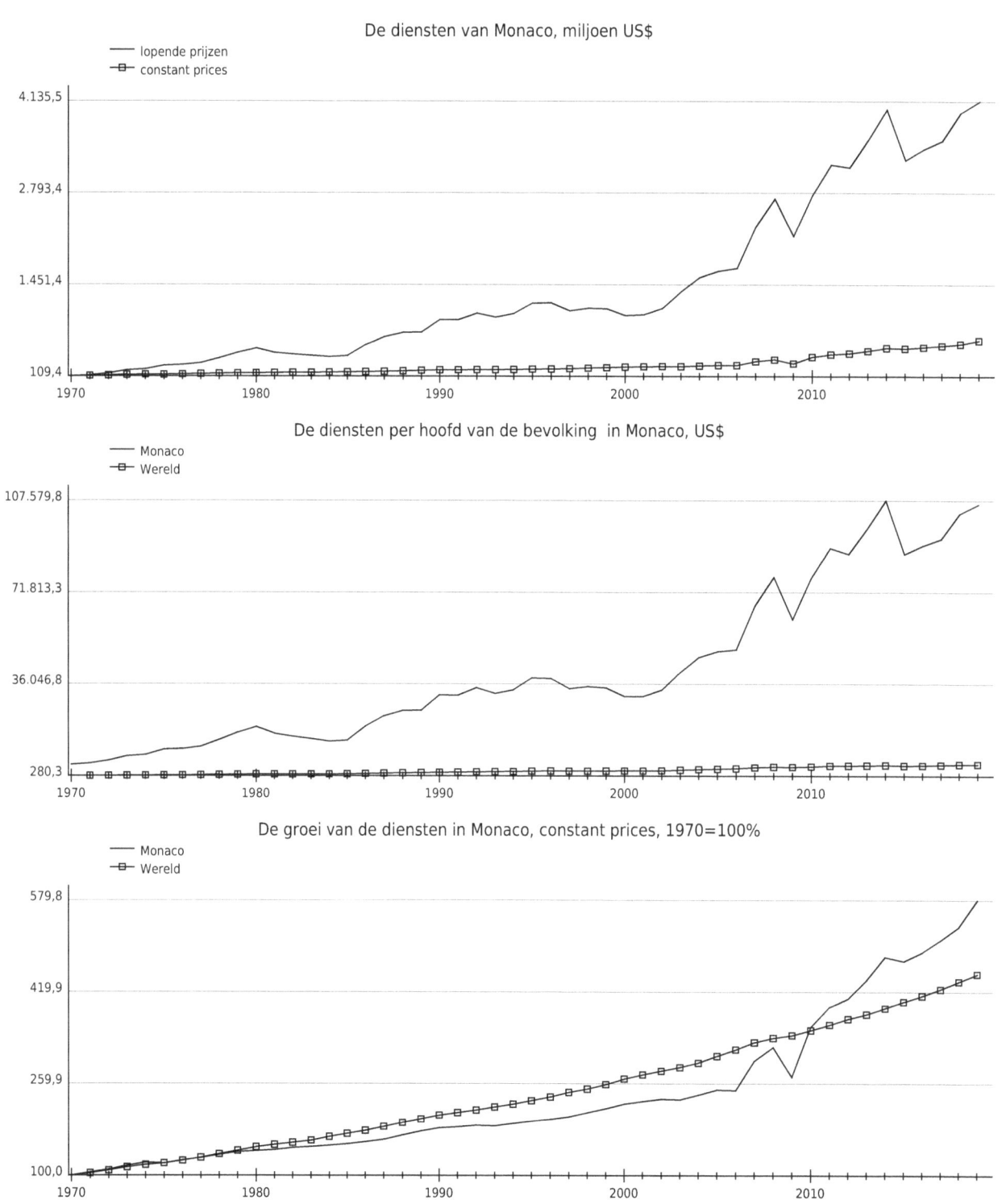

De diensten van Monaco, miljoen US$

De diensten per hoofd van de bevolking in Monaco, US$

De groei van de diensten in Monaco, constant prices, 1970=100%

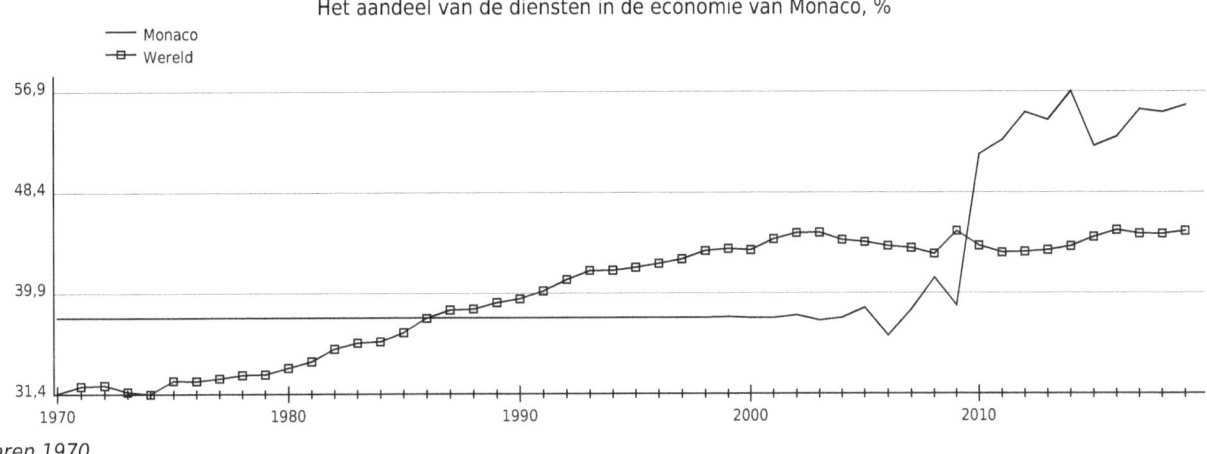

Het aandeel van de diensten in de economie van Monaco, %

de jaren 1970

De toegevoegde waarde van de diensten in Monaco bedroeg in de jaren 1970 US$245,5 miljoen per jaar, stond op de 116e plaats in de wereld, en was vergelijkbaar met Macau (US$249,5 miljoen), Niger (US$251,1 miljoen). Het aandeel in de wereld was 0,012%, en 0,030% in Europa.

Het aandeel van de diensten in de economie van Monaco was 37,8% in de jaren 1970, stond op de 33e plaats in de wereld, en was vergelijkbaar met Palestina (37,9%), Amerika (37,7%), San Marino (37,7%).

De sector van de diensten per hoofd in Monaco was $9.837,7 in de jaren 1970s, stond op de 1e plaats in de wereld. De toegevoegde waarde van de diensten per hoofd in Monaco was in 19,4 keer hoger dan de diensten per hoofd van de bevolking in de wereld ($506,9), en was in 8,7 keer hoger dan de diensten per hoofd van de bevolking in Europa ($506,9).

De groei van de diensten in Monaco bedroeg 3.9% in de jaren 1970, stond op de 120e plaats in de wereld, en was vergelijkbaar met San Marino (3,8%), Mozambique (3,9%), Nepal (3,9%). De groei van de diensten in Monaco (3,9%) was minder dan de groei van de diensten in de wereld (4,1%), was groter dan de groei van de diensten in Europa (3,7%).

Vergelijking met buren. De sector van de diensten in Monaco was minder dan in Frankrijk (US$121,8 miljard) en in Italië (US$66,4 miljard). De toegevoegde waarde van de diensten per hoofd in Monaco was groter dan in Frankrijk (US$2,3 duizend) en in Italië (US$1.207,9). De groei van de diensten in Monaco was groter dan in Italië (3,5%); maar minder dan in Frankrijk (3,9%).

Vergelijking met leiders. De waarde van de diensten in Monaco was minder dan in de Verenigde Staten (US$674,4 miljard), in de Sovjet-Unie (US$168,3 miljard), in Japan (US$153,8 miljard), in Duitsland (US$150,2 miljard) en in Frankrijk (US$121,8 miljard). De waarde van de diensten per hoofd in Monaco was groter dan in de Verenigde Staten (US$3,1 duizend), in Frankrijk (US$2,3 duizend), in Duitsland (US$1.907,6), in Japan (US$1.381,3) en in de Sovjet-Unie (US$667,3). De groei van de diensten in Monaco was groter dan in de Verenigde Staten (3,3%) en in de Sovjet-Unie (0,90%); maar minder dan in Japan (5,9%), in Duitsland (4,8%) en in Frankrijk (3,9%).

de jaren 1980

De waarde van de diensten in Monaco bedroeg in de jaren 1980 US$537,5 miljoen per jaar, stond op de 117e plaats in de wereld. Het aandeel in de wereld was 0,0100%, en 0,029% in Europa.

Het aandeel van de diensten in de economie van Monaco was 37,8% in de jaren 1980, stond op de 45e plaats in de wereld, en was vergelijkbaar met Papoea-Nieuw-Guinea (37,8%), Palestina (37,9%), San Marino (37,7%).

De toegevoegde waarde van de diensten per hoofd in Monaco was $18.944,3 in de jaren 1980s, stond op de 1e plaats in de wereld. De toegevoegde waarde van de diensten per hoofd in Monaco was in 17,0 keer hoger dan de diensten per hoofd van de bevolking in de wereld ($1.115,5), en was in 7,7 keer hoger dan de diensten per hoofd van de bevolking in Europa ($1.115,5).

De groei van de diensten in Monaco bedroeg 2.3% in de jaren 1980, stond op de 136e plaats in de wereld, en was vergelijkbaar met Mali (2,3%), Tanzania (2,3%). De groei van de diensten in Monaco (2,3%) was minder dan de groei van de diensten in de wereld (3,3%), was minder dan de groei van de diensten in Europa (3,0%).

Vergelijking met buren. De waarde van de diensten in Monaco was minder dan in Frankrijk (US$294,5 miljard) en in Italië (US$203,1 miljard). De waarde van de diensten per hoofd in Monaco was groter dan in Frankrijk (US$5,2 duizend) en in Italië (US$3,6 duizend). De groei van de diensten in Monaco was groter dan in Frankrijk (2,3%); maar minder dan in Italië (3,3%).

Vergelijking met leiders. De sector van de diensten in Monaco was minder dan in de Verenigde Staten (US$1,9 biljoen), in Japan (US$619,9 miljard), in Duitsland (US$362,2 miljard), in Frankrijk (US$294,5 miljard) en in het Verenigd Koninkrijk (US$265,4 miljard). De sector van de diensten per hoofd in Monaco was groter dan in de Verenigde Staten (US$7,8 duizend), in Frankrijk (US$5,2 duizend), in Japan (US$5,1 duizend), in het Verenigd Koninkrijk (US$4,7 duizend) en in Duitsland (US$4,6 duizend). De groei van de diensten in Monaco was groter dan in Frankrijk (2,3%); maar minder dan in Japan (4,8%), in het Verenigd Koninkrijk (3,3%), in Duitsland (3,1%) en in de Verenigde Staten (2,8%).

de jaren 1990

De toegevoegde waarde van de diensten in Monaco bedroeg in de jaren 1990 US$1,1 miljard per jaar, stond op de 123e plaats in de wereld, en was vergelijkbaar met Malta (US$1,0 miljard). Het aandeel in de wereld was 0,0092%, en 0,027% in Europa.

Het aandeel van de diensten in de economie van Monaco was 37,8% in de jaren 1990, stond op de 65e plaats in de wereld, en was vergelijkbaar met Zuid-Afrika (37,9%), Zuidelijk Afrika (37,9%), Ierland (37,7%).

De sector van de diensten per hoofd in Monaco was $34.473,8 in de jaren 1990s, stond op de 2e plaats in de wereld. De toegevoegde waarde van de diensten per hoofd in Monaco was in 17,1 keer hoger dan de diensten per hoofd van de bevolking in de wereld ($2.014,6), en was in 6,5 keer hoger dan de diensten per hoofd van de bevolking in Europa ($2.014,6).

De groei van de diensten in Monaco bedroeg 2% in de jaren 1990, stond op de 136e plaats in de wereld, en was vergelijkbaar met Tsjechië (2,0%), Saoedi-Arabië (2,0%). De groei van de diensten in Monaco (2,0%) was minder dan de groei van de diensten in de wereld (2,7%), was minder dan de groei van de diensten in Europa (2,1%).

Vergelijking met buren. De diensten van Monaco waren minder dan in Frankrijk (US$628,2 miljard) en in Italië (US$465,4 miljard). De waarde van de diensten per hoofd in Monaco was groter dan in Frankrijk (US$10,6 duizend) en in Italië (US$8,2 duizend). De groei van de diensten in Monaco was groter dan in Frankrijk (1,6%) en in Italië (1,1%).

Vergelijking met leiders. De toegevoegde waarde van de diensten in Monaco was minder dan in de Verenigde Staten (US$3,8 biljoen), in Japan (US$1,6 biljoen), in Duitsland (US$908,0 miljard), in Frankrijk (US$628,2 miljard) en in het Verenigd Koninkrijk (US$592,3 miljard). De diensten per hoofd in Monaco waren groter dan in de Verenigde Staten (US$14,4 duizend), in Japan (US$12,8 duizend), in Duitsland (US$11,3 duizend), in Frankrijk (US$10,6 duizend) en in het Verenigd Koninkrijk (US$10,2 duizend). De groei van de diensten in Monaco was groter dan in Japan (1,7%) en in Frankrijk (1,6%); maar minder dan in Duitsland (3,2%), in het Verenigd Koninkrijk (3,0%) en in de Verenigde Staten (2,3%).

de jaren 2000

De toegevoegde waarde van de diensten in Monaco bedroeg in de jaren 2000 US$1,7 miljard per jaar, stond op de 135e plaats in de wereld, en was vergelijkbaar met Liechtenstein (US$1,6 miljard). Het aandeel in de wereld was 0,0084%, en 0,026% in Europa.

Het aandeel van de diensten in de economie van Monaco was 38,5% in de jaren 2000, stond op de 75e plaats in de wereld, en was vergelijkbaar met Cuba (38,4%), Estland (38,4%).

De sector van de diensten per hoofd in Monaco was $49.108,2 in de jaren 2000s, stond op de 3e plaats in de wereld. De toegevoegde waarde van de diensten per hoofd in Monaco was in 16,3 keer hoger dan de diensten per hoofd van de bevolking in de wereld ($3.011,2), en was in 5,6 keer hoger dan de diensten per hoofd van de bevolking in Europa ($3.011,2).

De groei van de diensten in Monaco bedroeg 2.3% in de jaren 2000, stond op de 161e plaats in de wereld, en was vergelijkbaar met Bolivia (2,3%). De groei van de diensten in Monaco (2,3%) was minder dan de groei van de diensten in de wereld (2,9%), was groter dan de groei van de diensten in Europa (2,0%).

Vergelijking met buren. De sector van de diensten in Monaco was minder dan in Frankrijk (US$997,0 miljard) en in Italië (US$737,3 miljard). De waarde van de diensten per hoofd in Monaco was groter dan in Frankrijk (US$15,9 duizend) en in Italië (US$12,7 duizend). De groei van de diensten in Monaco was groter dan in Frankrijk (1,5%) en in Italië (0,93%).

Vergelijking met leiders. De waarde van de diensten in Monaco was minder dan in de Verenigde Staten (US$6,7 biljoen), in Japan (US$2,0 biljoen), in Duitsland (US$1,2 biljoen), in het Verenigd Koninkrijk (US$1,1 biljoen) en in Frankrijk (US$997,0 miljard). De sector van de diensten per hoofd in Monaco was groter dan in de Verenigde Staten (US$22,9 duizend), in het Verenigd Koninkrijk (US$18,0 duizend), in Frankrijk (US$15,9 duizend), in Japan (US$15,3 duizend) en in Duitsland (US$15,0 duizend). De groei van de diensten in Monaco was groter dan in de Verenigde Staten (2,0%), in Frankrijk (1,5%), in Japan (1,2%) en in Duitsland (0,57%); maar minder dan in het Verenigd Koninkrijk (2,7%).

de jaren 2010

De diensten van Monaco bedroegen in de jaren 2010 US$3,5 miljard per jaar, stonden op de 132e plaats in de wereld, en waren vergelijkbaar met Albanië (US$3,5 miljard), Nicaragua (US$3,5 miljard), Noord-Macedonië (US$3,6 miljard). Het aandeel in de wereld was 0,011%, en 0,039% in Europa.

Het aandeel van de diensten in de economie van Monaco was 54,3% in de jaren 2010, stonden op de 17e plaats in de wereld, en was vergelijkbaar met Curaçao (54,3%), Polynesië (54,5%), Cyprus (54,7%).

De toegevoegde waarde van de diensten per hoofd in Monaco was $93.775,4 in de jaren 2010s, stond op de 1e plaats in de wereld. De sector van de diensten per hoofd in Monaco was in 21,0 keer hoger dan de diensten per hoofd van de bevolking in de wereld ($4.467,8), en was in 7,7 keer hoger dan de diensten per hoofd van de bevolking in Europa ($4.467,8).

De groei van de diensten in Monaco bedroeg 7.9% in de jaren 2010, stond op de 13e plaats in de wereld. De groei van de diensten in Monaco (7,9%) was groter dan de groei van de diensten in de wereld (2,7%), was groter dan de groei van de diensten in Europa (1,3%).

Vergelijking met buren. De diensten van Monaco waren 382,2 keer minder dan in Frankrijk (US$1,3 biljoen) en 260,8 keer minder dan in Italië (US$915,1 miljard). De waarde van de diensten per hoofd in Monaco was 4,6 keer groter dan in Frankrijk (US$20,2 duizend) en 6,2 keer groter dan in Italië (US$15,2 duizend). De groei van de diensten in Monaco was groter dan in Frankrijk (1,4%) en in Italië (0,083%).

Vergelijking met leiders. De diensten van Monaco waren 2.837,4 keer minder dan in de Verenigde Staten (US$10,0 biljoen), 1.011,0 keer minder dan in China (US$3,5 biljoen), 648,0 keer minder dan in Japan (US$2,3 biljoen), 458,2 keer minder dan in Duitsland (US$1,6 biljoen) en 386,3 keer minder dan in het Verenigd Koninkrijk (US$1,4 biljoen). De sector van de diensten per hoofd in Monaco was 3,0 keer groter dan in de Verenigde Staten (US$31,2 duizend), 4,5 keer groter dan in het Verenigd Koninkrijk (US$20,7 duizend), 4,8 keer groter dan in Duitsland (US$19,6 duizend), 5,3 keer groter dan in Japan (US$17,8 duizend) en 37,1 keer groter dan in China (US$2,5 duizend). De groei van de diensten in Monaco was groter dan in de Verenigde Staten (1,8%), in het Verenigd Koninkrijk (1,7%), in Duitsland (1,2%) en in Japan (0,99%); maar minder dan in China (8,4%).

Part III. Externe betrekkingen

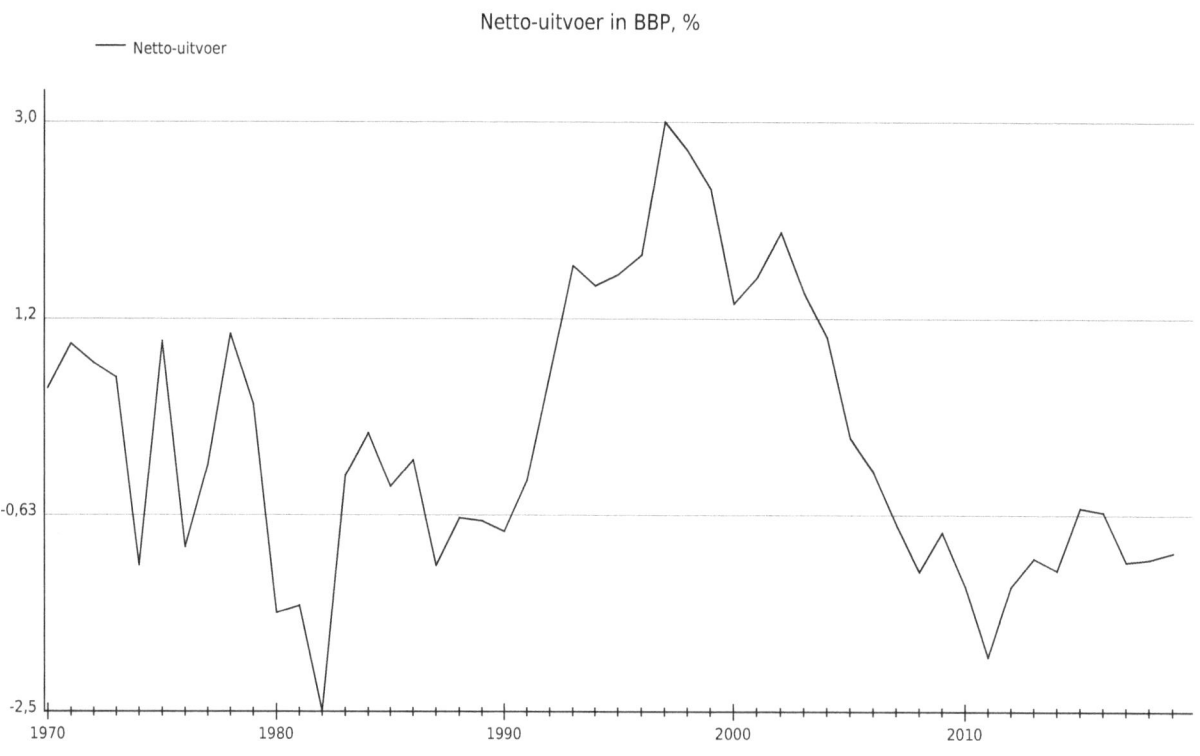

Netto-uitvoer in BBP, %

Hoofdstuk IX. Uitvoer

Uitvoer van goederen en diensten

De waarde van de export in Monaco steeg van US$123,0 miljoen per jaar in de jaren 1970 tot US$1,9 miljard per jaar in de jaren 2010, dat wil zeggen met US$1,8 miljard of 15,7 keer. De verandering vond plaats op US$1,4 miljard als gevolg van een 3,5-voudige stijging van de prijzen, en ook op US$362,0 miljoen als gevolg van een 3,0-voudige toename van het tarief per hoofd , evenals op US$61,4 miljoen als gevolg van de toename van de bevolking. De gemiddelde jaarlijkse groei van de export is 4,4%. De minimumwaarde van de export bedroeg US$45,4 miljoen in 1970. De maximumwaarde van de export bedroeg US$2,4 miljard in 2019.

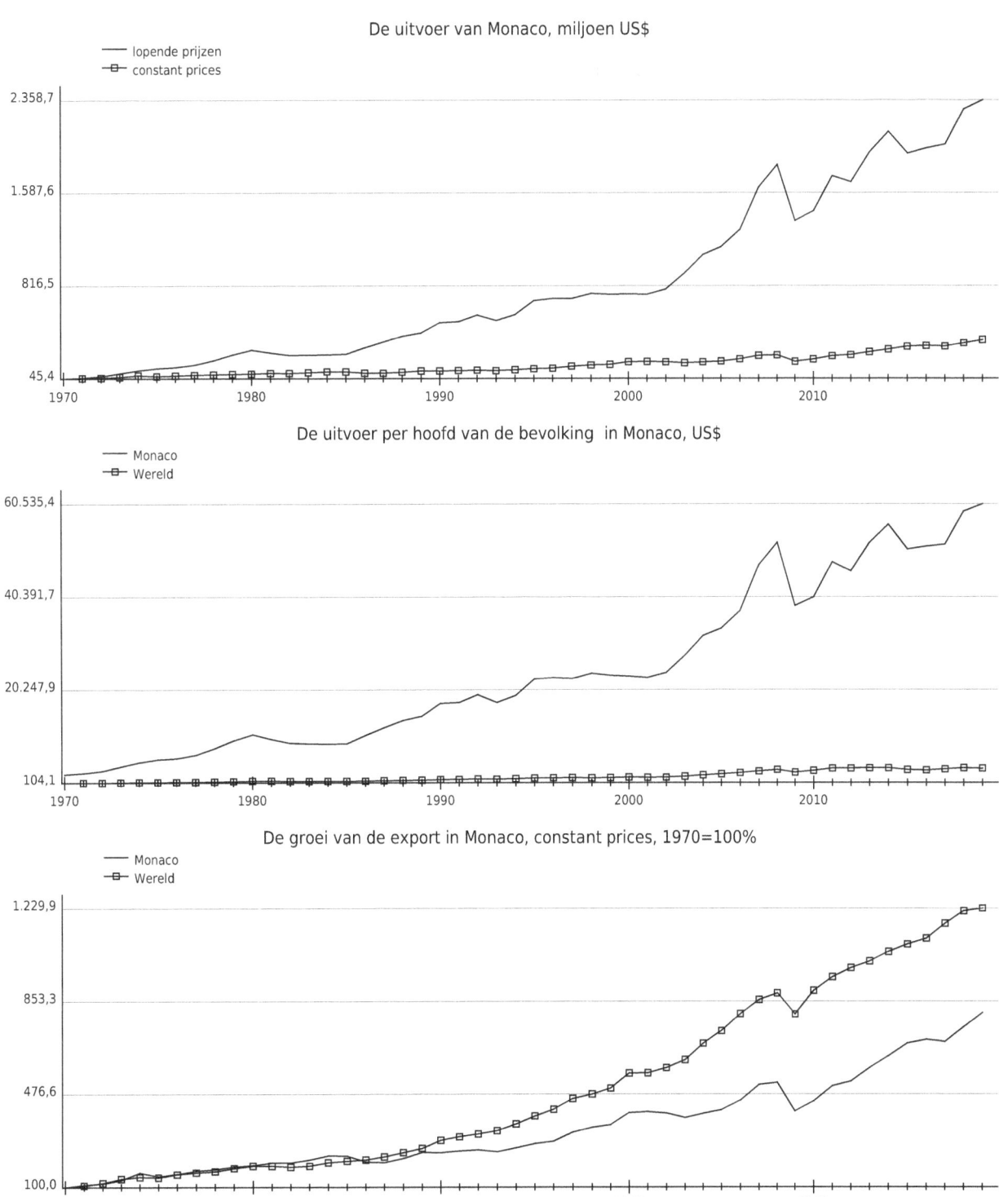

De uitvoer van Monaco, miljoen US$

De uitvoer per hoofd van de bevolking in Monaco, US$

De groei van de export in Monaco, constant prices, 1970=100%

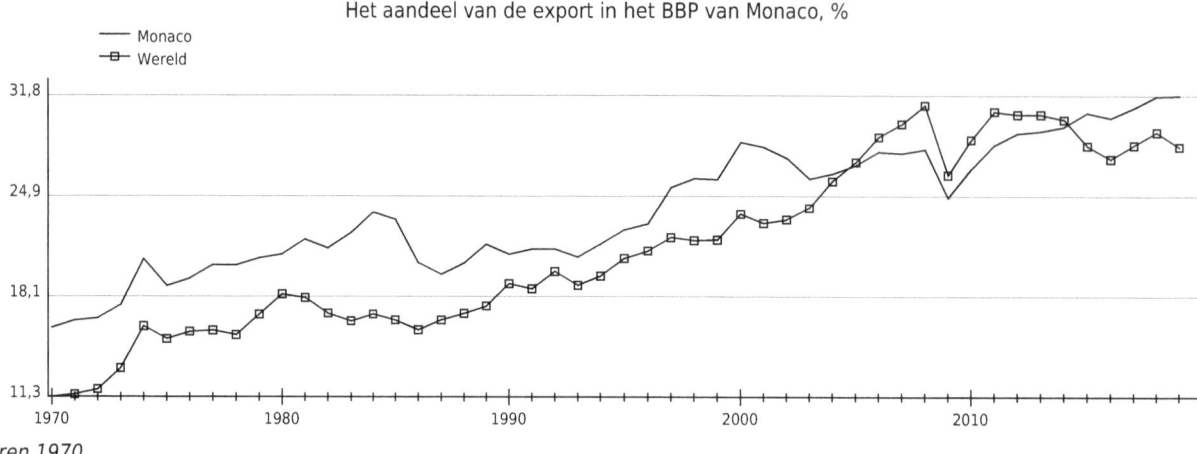

Het aandeel van de export in het BBP van Monaco, %

de jaren 1970

De waarde van de export in Monaco bedroeg in de jaren 1970 US$123,0 miljoen per jaar, stond op de 137e plaats in de wereld, en was vergelijkbaar met Nepal (US$124,2 miljoen), Gambia (US$124,6 miljoen), Frans-Polynesië (US$124,7 miljoen). Het aandeel in de wereld was 0,013%, en 0,026% in Europa.

Het aandeel van de export in het BBP van Monaco was 19,3% in de jaren 1970, stond op de 121e plaats in de wereld, en was vergelijkbaar met Frankrijk (19,3%), Madagaskar (19,3%), Paraguay (19,4%).

De uitvoer per hoofd in Monaco was $4.930,5 in de jaren 1970s, stond op de 9e plaats in de wereld. De uitvoer per hoofd in Monaco was in 20,4 keer hoger dan de export per hoofd van de bevolking in de wereld ($242,1), en was in 7,6 keer hoger dan de export per hoofd van de bevolking in Europa ($242,1).

De groei van de export in Monaco bedroeg 6.9% in de jaren 1970, stond op de 72e plaats in de wereld, en was vergelijkbaar met de Verenigde Staten (6,8%), Noord-Afrika (6,9%), Nigeria (6,9%). De groei van de export in Monaco (6,9%) was groter dan de groei van de export in de wereld (6,5%), was groter dan de groei van de export in Europa (6,1%).

Vergelijking met buren. De waarde van de export in Monaco was minder dan in Frankrijk (US$64,3 miljard) en in Italië (US$42,5 miljard). De uitvoer per hoofd in Monaco was groter dan in Frankrijk (US$1.199,1) en in Italië (US$772,3). De groei van de export in Monaco was minder dan in Italië (8,0%) en in Frankrijk (7,8%).

Vergelijking met leiders. De waarde van de export in Monaco was minder dan in de Verenigde Staten (US$128,0 miljard), in Duitsland (US$82,9 miljard), in Frankrijk (US$64,3 miljard), in Japan (US$64,1 miljard) en in het Verenigd Koninkrijk (US$61,3 miljard). De uitvoer per hoofd in Monaco was groter dan in Frankrijk (US$1.199,1), in het Verenigd Koninkrijk (US$1.094,1), in Duitsland (US$1.052,2), in de Verenigde Staten (US$586,5) en in Japan (US$575,8). De groei van de export in Monaco was groter dan in de Verenigde Staten (6,8%), in Duitsland (5,1%) en in het Verenigd Koninkrijk (5,0%); maar minder dan in Japan (8,6%) en in Frankrijk (7,8%).

de jaren 1980

De waarde van de export in Monaco bedroeg in de jaren 1980 US$298,3 miljoen per jaar, stond op de 135e plaats in de wereld, en was vergelijkbaar met Myanmar (US$298,0 miljoen). Het aandeel in de wereld was 0,012%, en 0,026% in Europa.

Het aandeel van de export in het BBP van Monaco was 21,4% in de jaren 1980, stond op de 114e plaats in de wereld, en was vergelijkbaar met Frankrijk (21,4%), Europa (21,5%).

De uitvoer per hoofd in Monaco was $10.513,3 in de jaren 1980s, stond op de 9e plaats in de wereld, en was vergelijkbaar met Qatar (US$10,3 duizend). De waarde van de export per hoofd in Monaco was in 19,8 keer hoger dan de export per hoofd van de bevolking in de wereld ($529,9), en was in 6,9 keer hoger dan de export per hoofd van de bevolking in Europa ($529,9).

De groei van de export in Monaco bedroeg 2.8% in de jaren 1980, stond op de 116e plaats in de wereld, en was vergelijkbaar met Togo (2,8%), Melanesië (2,8%), Lesotho (2,8%). De groei van de export in Monaco (2,8%) was minder dan de groei van de export in de wereld (3,8%), was minder dan de groei van de export in Europa (4,0%).

Vergelijking met buren. De waarde van de export in Monaco was minder dan in Frankrijk (US$155,9 miljard) en in Italië (US$115,1 miljard). De waarde van de export per hoofd in Monaco was groter dan in Frankrijk (US$2,8 duizend) en in Italië (US$2,0 duizend). De groei van de export in Monaco was minder dan in Frankrijk (4,0%) en in Italië (3,1%).

Vergelijking met leiders. De uitvoer van Monaco was minder dan in de Verenigde Staten (US$338,6 miljard), in Japan (US$210,6 miljard), in Duitsland (US$208,1 miljard), in Frankrijk (US$155,9 miljard) en in het Verenigd Koninkrijk (US$155,0 miljard). De uitvoer per hoofd in Monaco was groter dan in Frankrijk (US$2,8 duizend), in het Verenigd Koninkrijk (US$2,7 duizend), in Duitsland (US$2,7 duizend), in Japan (US$1.736,5) en in de Verenigde Staten (US$1.413,8). De groei van de export in Monaco was minder dan in Japan (6,7%), in de Verenigde Staten (5,7%), in Duitsland (4,7%), in Frankrijk (4,0%) en in het Verenigd Koninkrijk (3,0%).

de jaren 1990

De uitvoer van Monaco bedroeg in de jaren 1990 US$631,2 miljoen per jaar, stond op de 140e plaats in de wereld, en was vergelijkbaar met Kirgizië (US$637,7 miljoen). Het aandeel in de wereld was 0,011%, en 0,023% in Europa.

Het aandeel van de export in het BBP van Monaco was 23,0% in de jaren 1990, stond op de 134e plaats in de wereld, en was vergelijkbaar met Frankrijk (23,0%), Bosnië en Herzegovina (23,1%), Polen (23,1%).

De uitvoer per hoofd in Monaco was $20.634,8 in de jaren 1990s, stond op de 8e plaats in de wereld. De uitvoer per hoofd in Monaco was in 20,0 keer hoger dan de export per hoofd van de bevolking in de wereld ($1.029,5), en was in 5,4 keer hoger dan de export per hoofd van de bevolking in Europa ($1.029,5).

De groei van de export in Monaco bedroeg 3.9% in de jaren 1990, stond op de 123e plaats in de wereld. De groei van de export in Monaco (3,9%) was minder dan de groei van de export in de wereld (6,9%), was minder dan de groei van de export in Europa (6,5%).

Vergelijking met buren. De waarde van de export in Monaco was minder dan in Frankrijk (US$329,8 miljard) en in Italië (US$261,4 miljard). De waarde van de export per hoofd in Monaco was groter dan in Frankrijk (US$5,6 duizend) en in Italië (US$4,6 duizend). De groei van de export in Monaco was minder dan in Frankrijk (6,5%) en in Italië (4,9%).

Vergelijking met leiders. De waarde van de export in Monaco was minder dan in de Verenigde Staten (US$773,6 miljard), in Duitsland (US$509,0 miljard), in Japan (US$418,7 miljard), in Frankrijk (US$329,8 miljard) en in het Verenigd Koninkrijk (US$324,3 miljard). De waarde van de export per hoofd in Monaco was groter dan in Duitsland (US$6,3 duizend), in het Verenigd Koninkrijk (US$5,6 duizend), in Frankrijk (US$5,6 duizend), in Japan (US$3,3 duizend) en in de Verenigde Staten (US$2,9 duizend). De groei van de export in Monaco was minder dan in de Verenigde Staten (7,2%), in Frankrijk (6,5%), in Duitsland (6,0%), in het Verenigd Koninkrijk (5,7%) en in Japan (4,2%).

de jaren 2000

De uitvoer van Monaco bedroeg in de jaren 2000 US$1,1 miljard per jaar, stond op de 151e plaats in de wereld. Het aandeel in de wereld was 0,0091%, en 0,021% in Europa.

Het aandeel van de export in het BBP van Monaco was 27,2% in de jaren 2000, stond op de 140e plaats in de wereld, en was vergelijkbaar met Frankrijk (27,2%), Centraal-Amerika (27,3%), Micronesië (27,3%).

De waarde van de export per hoofd in Monaco was $34.137,8 in de jaren 2000s, stond op de 10e plaats in de wereld. De waarde van de export per hoofd in Monaco was in 17,7 keer hoger dan de export per hoofd van de bevolking in de wereld ($1.933,7), en was in 4,5 keer hoger dan de export per hoofd van de bevolking in Europa ($1.933,7).

De groei van de export in Monaco bedroeg 1.4% in de jaren 2000, stond op de 167e plaats in de wereld. De groei van de export in Monaco (1,4%) was minder dan de groei van de export in de wereld (4,8%), was minder dan de groei van de export in Europa (3,8%).

Vergelijking met buren. De waarde van de export in Monaco was minder dan in Frankrijk (US$570,1 miljard) en in Italië (US$440,9 miljard). De uitvoer per hoofd in Monaco was groter dan in Frankrijk (US$9,1 duizend) en in Italië (US$7,6 duizend). De groei van de export in Monaco was groter dan in Italië (1,0%); maar minder dan in Frankrijk (2,3%).

Vergelijking met leiders. De uitvoer van Monaco was minder dan in de Verenigde Staten (US$1,3 biljoen), in Duitsland (US$1,0 biljoen), in China (US$780,2 miljard), in Japan (US$626,3 miljard) en in het Verenigd Koninkrijk (US$591,1 miljard). De uitvoer per hoofd in Monaco was groter dan in Duitsland (US$12,8 duizend), in het Verenigd Koninkrijk (US$9,8 duizend), in Japan (US$4,9 duizend), in de Verenigde Staten (US$4,5 duizend) en in China (US$588,1). De groei van de export in Monaco was minder dan in China (12,7%), in Duitsland (5,0%), in Japan (3,5%), in de Verenigde Staten (3,3%) en in het Verenigd Koninkrijk (2,8%).

de jaren 2010

De waarde van de export in Monaco bedroeg in de jaren 2010 US$1,9 miljard per jaar, stond op de 158e plaats in de wereld, en was vergelijkbaar met Montenegro (US$1,9 miljard), Curaçao (US$2,0 miljard). Het aandeel in de wereld was 0,0085%, en 0,022% in Europa.

Het aandeel van de export in het BBP van Monaco was 30,0% in de jaren 2010, stond op de 134e plaats in de wereld, en was vergelijkbaar met Frankrijk (29,9%), Zuid-Afrika (30,1%), Ivoorkust (30,1%).

De uitvoer per hoofd in Monaco was $51.753,3 in de jaren 2010s, stond op de 11e plaats in de wereld, en was vergelijkbaar met de Kaaimaneilanden (US$52,1 duizend). De uitvoer per hoofd in Monaco was in 16,7 keer hoger dan de export per hoofd van de bevolking in de wereld ($3.098,9), en was in 4,3 keer hoger dan de export per hoofd van de bevolking in Europa ($3.098,9).

De groei van de export in Monaco bedroeg 7.1% in de jaren 2010, stond op de 40e plaats in de wereld, en was vergelijkbaar met Mozambique (7,1%). De groei van de export in Monaco (7,1%) was groter dan de groei van de export in de wereld (4,4%), was groter dan de groei van de export in Europa (4,4%).

Vergelijking met buren. De waarde van de export in Monaco was 414,2 keer minder dan in Frankrijk (US$802,0 miljard) en 308,4 keer minder dan in Italië (US$597,1 miljard). De uitvoer per hoofd in Monaco was 4,3 keer groter dan in Frankrijk (US$12,1 duizend) en 5,2 keer groter dan in Italië (US$9,9 duizend). De groei van de export in Monaco was groter dan in Frankrijk (4,0%) en in Italië (3,6%).

Vergelijking met leiders. De waarde van de export in Monaco was 1.184,4 keer minder dan in China (US$2,3 biljoen), 1.172,2 keer minder dan in de Verenigde Staten (US$2,3 biljoen), 869,3 keer minder dan in Duitsland (US$1,7 biljoen), 443,8 keer minder dan in Japan (US$859,4 miljard) en 420,9 keer minder dan in het Verenigd Koninkrijk (US$815,1 miljard). De waarde van de export per hoofd in Monaco was 2,5 keer groter dan in Duitsland (US$20,6 duizend), 4,2 keer groter dan in het Verenigd Koninkrijk (US$12,4 duizend), 7,3 keer groter dan in de Verenigde Staten (US$7,1 duizend), 7,7 keer groter dan in Japan (US$6,7 duizend) en 31,6 keer groter dan in China (US$1.635,3). De groei van de export in Monaco was groter dan in China (6,8%), in Duitsland (4,7%), in Japan (4,6%), in de Verenigde Staten (3,7%) en in het Verenigd Koninkrijk (3,1%).

Hoofdstuk X. Invoer

Invoer van goederen en diensten

De waarde van de invoer in Monaco steeg van US$121,2 miljoen per jaar in de jaren 1970 tot US$2,0 miljard per jaar in de jaren 2010, dat wil zeggen met US$1,9 miljard of 16,6 keer. De verandering vond plaats op US$1,4 miljard als gevolg van een 3,5-voudige stijging van de prijzen, en ook op US$384,6 miljoen als gevolg van een 3,1-voudige toename van het tarief per hoofd , evenals op US$60,5 miljoen als gevolg van de toename van de bevolking. De gemiddelde jaarlijkse groei van de invoer is 4,5%. De minimumwaarde van de invoer bedroeg US$43,9 miljoen in 1970. De maximumwaarde van de invoer bedroeg US$2,4 miljard in 2019.

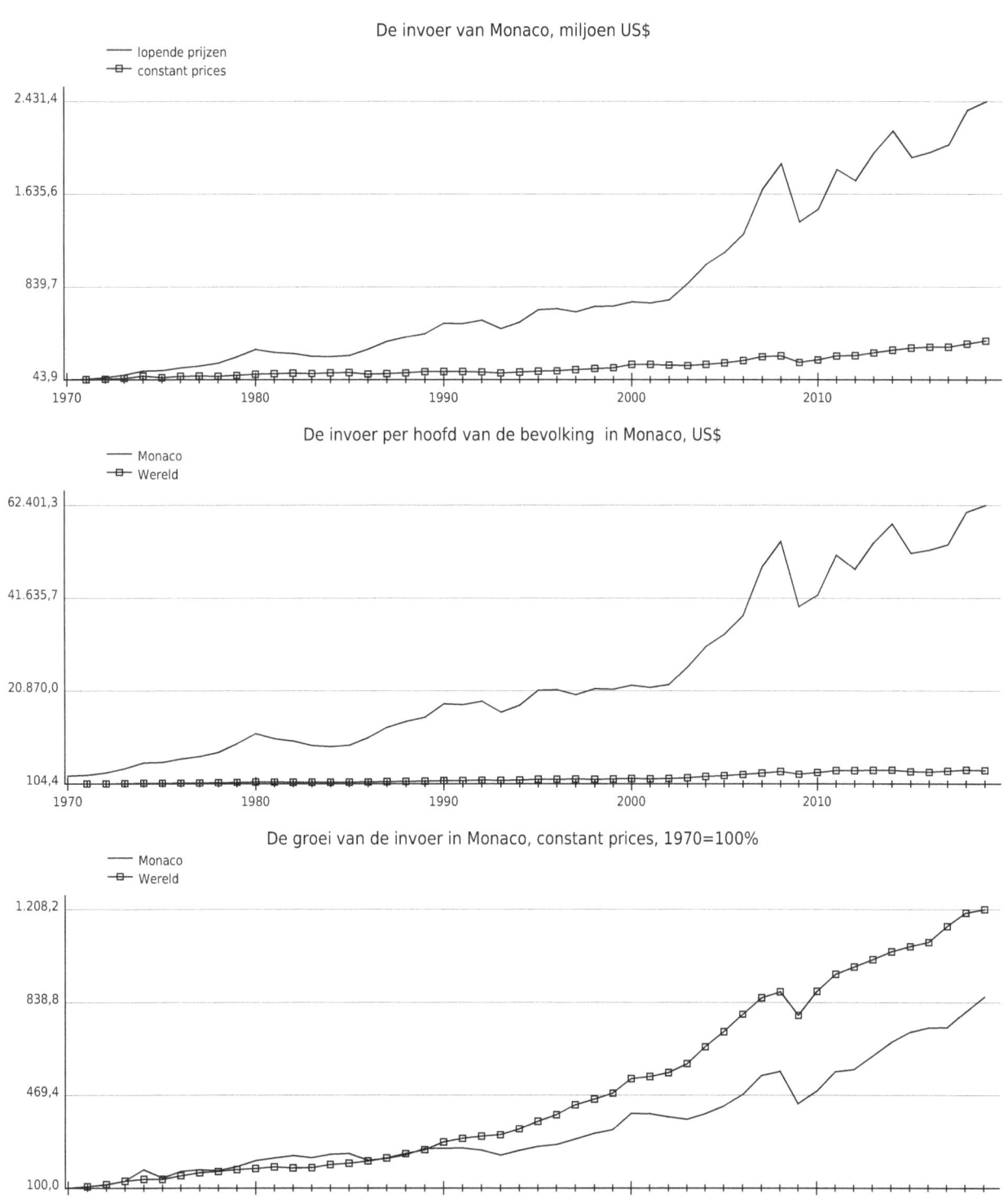

De invoer van Monaco, miljoen US$

De invoer per hoofd van de bevolking in Monaco, US$

De groei van de invoer in Monaco, constant prices, 1970=100%

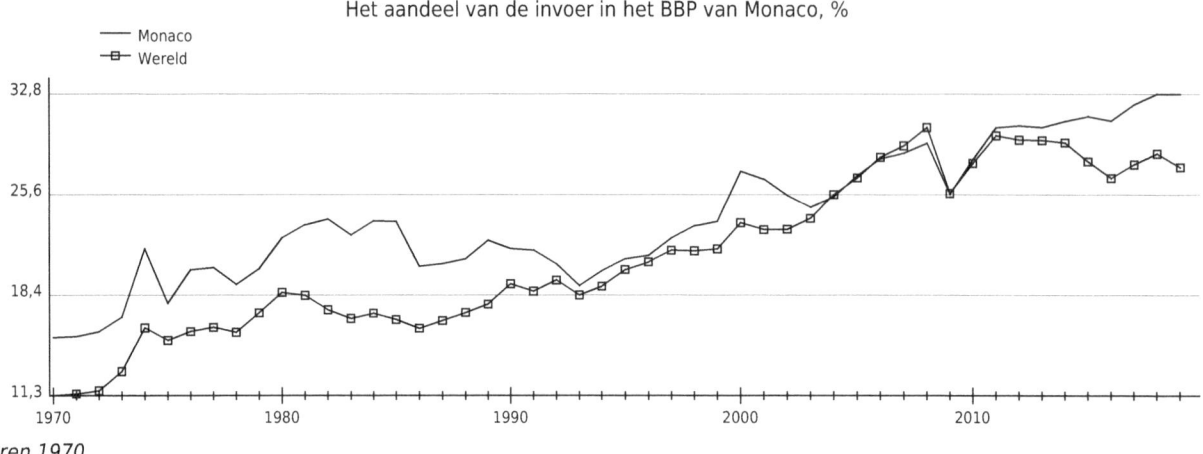

Het aandeel van de invoer in het BBP van Monaco, %

de jaren 1970

De invoer van Monaco bedroeg in de jaren 1970 US$121,2 miljoen per jaar, stond op de 146e plaats in de wereld, en was vergelijkbaar met Liechtenstein (US$120,3 miljoen), Mongolië (US$123,7 miljoen). Het aandeel in de wereld was 0,012%, en 0,025% in Europa.

Het aandeel van de invoer in het BBP van Monaco was 19,0% in de jaren 1970, stond op de 147e plaats in de wereld, en was vergelijkbaar met Frankrijk (19,0%), Paraguay (18,9%), Duitsland (19,1%).

De waarde van de invoer per hoofd in Monaco was $4.856,4 in de jaren 1970s, stond op de 5e plaats in de wereld. De waarde van de invoer per hoofd in Monaco was in 19,9 keer hoger dan de invoer per hoofd van de bevolking in de wereld ($244,3), en was in 7,2 keer hoger dan de invoer per hoofd van de bevolking in Europa ($244,3).

De groei van de invoer in Monaco bedroeg 7.1% in de jaren 1970, stond op de 73e plaats in de wereld, en was vergelijkbaar met Japan (7,0%), Oostenrijk (7,1%), Ethiopië (7,1%). De groei van de invoer in Monaco (7,1%) was groter dan de groei van de invoer in de wereld (6,3%), was groter dan de groei van de invoer in Europa (5,4%).

Vergelijking met buren. De waarde van de invoer in Monaco was minder dan in Frankrijk (US$63,3 miljard) en in Italië (US$42,2 miljard). De waarde van de invoer per hoofd in Monaco was groter dan in Frankrijk (US$1.181,1) en in Italië (US$767,8). De groei van de invoer in Monaco was groter dan in Italië (4,6%); maar minder dan in Frankrijk (7,2%).

Vergelijking met leiders. De invoer van Monaco was minder dan in de Verenigde Staten (US$133,2 miljard), in Duitsland (US$92,5 miljard), in Frankrijk (US$63,3 miljard), in het Verenigd Koninkrijk (US$62,4 miljard) en in Japan (US$61,0 miljard). De invoer per hoofd in Monaco was groter dan in Frankrijk (US$1.181,1), in Duitsland (US$1.175,1), in het Verenigd Koninkrijk (US$1.113,2), in de Verenigde Staten (US$610,4) en in Japan (US$547,6). De groei van de invoer in Monaco was groter dan in Japan (7,0%), in Duitsland (5,6%), in de Verenigde Staten (5,1%) en in het Verenigd Koninkrijk (4,5%); maar minder dan in Frankrijk (7,2%).

de jaren 1980

De invoer van Monaco bedroeg in de jaren 1980 US$310,1 miljoen per jaar, stond op de 143e plaats in de wereld, en was vergelijkbaar met de Kaaimaneilanden (US$308,2 miljoen). Het aandeel in de wereld was 0,012%, en 0,026% in Europa.

Het aandeel van de invoer in het BBP van Monaco was 22,2% in de jaren 1980, stond op de 134e plaats in de wereld, en was vergelijkbaar met Frankrijk (22,2%).

De invoer per hoofd in Monaco was $10.931,4 in de jaren 1980s, stond op de 7e plaats in de wereld, en was vergelijkbaar met Groenland (US$11,2 duizend). De waarde van de invoer per hoofd in Monaco was in 20,3 keer hoger dan de invoer per hoofd van de bevolking in de wereld ($539,1), en was in 7,0 keer hoger dan de invoer per hoofd van de bevolking in Europa ($539,1).

De groei van de invoer in Monaco bedroeg 3.3% in de jaren 1980, stond op de 83e plaats in de wereld, en was vergelijkbaar met Lesotho (3,3%), België (3,4%). De groei van de invoer in Monaco (3,3%) was minder dan de groei van de invoer in de wereld (3,8%), was minder dan de groei van de invoer in Europa (4,1%).

Vergelijking met buren. De invoer van Monaco was minder dan in Frankrijk (US$162,0 miljard) en in Italië (US$116,7 miljard). De invoer per hoofd in Monaco was groter dan in Frankrijk (US$2,9 duizend) en in Italië (US$2,1 duizend). De groei van de invoer in Monaco was minder dan in Italië (4,9%) en in Frankrijk (4,3%).

Vergelijking met leiders. De invoer van Monaco was minder dan in de Verenigde Staten (US$417,2 miljard), in Duitsland (US$225,6 miljard), in Japan (US$175,9 miljard), in Frankrijk (US$162,0 miljard) en in het Verenigd Koninkrijk (US$157,7 miljard). De waarde van de invoer per hoofd in Monaco was groter dan in Duitsland (US$2,9 duizend), in Frankrijk (US$2,9 duizend), in het Verenigd Koninkrijk (US$2,8 duizend), in de Verenigde Staten (US$1.742,4) en in Japan (US$1.450,4). De groei van de invoer in Monaco was groter dan in Duitsland (3,3%); maar minder dan in de Verenigde Staten (5,8%), in het Verenigd Koninkrijk (5,1%), in Japan (4,6%) en in Frankrijk (4,3%).

de jaren 1990

De invoer van Monaco bedroeg in de jaren 1990 US$590,4 miljoen per jaar, stond op de 164e plaats in de wereld. Het aandeel in de wereld was 0,010%, en 0,022% in Europa.

Het aandeel van de invoer in het BBP van Monaco was 21,6% in de jaren 1990, stond op de 177e plaats in de wereld, en was vergelijkbaar met Frankrijk (21,6%).

De invoer per hoofd in Monaco was $19.299,1 in de jaren 1990s, stond op de 7e plaats in de wereld. De waarde van de invoer per hoofd in Monaco was in 19,0 keer hoger dan de invoer per hoofd van de bevolking in de wereld ($1.015,5), en was in 5,3 keer hoger dan de invoer per hoofd van de bevolking in Europa ($1.015,5).

De groei van de invoer in Monaco bedroeg 2.6% in de jaren 1990, stond op de 136e plaats in de wereld. De groei van de invoer in Monaco (2,6%) was minder dan de groei van de invoer in de wereld (6,6%), was minder dan de groei van de invoer in Europa (5,9%).

Vergelijking met buren. De invoer van Monaco was minder dan in Frankrijk (US$308,5 miljard) en in Italië (US$233,7 miljard). De invoer per hoofd in Monaco was groter dan in Frankrijk (US$5,2 duizend) en in Italië (US$4,1 duizend). De groei van de invoer in Monaco was minder dan in Frankrijk (5,1%) en in Italië (4,5%).

Vergelijking met leiders. De invoer van Monaco was minder dan in de Verenigde Staten (US$874,1 miljard), in Duitsland (US$501,6 miljard), in Japan (US$355,9 miljard), in het Verenigd Koninkrijk (US$330,2 miljard) en in Frankrijk (US$308,5 miljard). De waarde van de invoer per hoofd in Monaco was groter dan in Duitsland (US$6,2 duizend), in het Verenigd Koninkrijk (US$5,7 duizend), in Frankrijk (US$5,2 duizend), in de Verenigde Staten (US$3,3 duizend) en in Japan (US$2,8 duizend). De groei van de invoer in Monaco was minder dan in de Verenigde Staten (8,3%), in Duitsland (6,4%), in Frankrijk (5,1%), in het Verenigd Koninkrijk (5,1%) en in Japan (3,3%).

de jaren 2000

De waarde van de invoer in Monaco bedroeg in de jaren 2000 US$1,1 miljard per jaar, stond op de 165e plaats in de wereld, en was vergelijkbaar met Suriname (US$1,1 miljard). Het aandeel in de wereld was 0,0093%, en 0,021% in Europa.

Het aandeel van de invoer in het BBP van Monaco was 27,1% in de jaren 2000, stond op de 175e plaats in de wereld, en was vergelijkbaar met Frankrijk (27,0%), Uruguay (27,0%), Kameroen (27,3%).

De invoer per hoofd in Monaco was $33.968,4 in de jaren 2000s, stond op de 7e plaats in de wereld, en was vergelijkbaar met Ierland (US$34,0 duizend). De invoer per hoofd in Monaco was in 17,9 keer hoger dan de invoer per hoofd van de bevolking in de wereld ($1.899,9), en was in 4,7 keer hoger dan de invoer per hoofd van de bevolking in Europa ($1.899,9).

De groei van de invoer in Monaco bedroeg 2.8% in de jaren 2000, stond op de 157e plaats in de wereld, en was vergelijkbaar met Zimbabwe (2,7%), de Cookeilanden (2,7%), de Verenigde Staten (2,8%). De groei van de invoer in Monaco (2,8%) was minder dan de groei van de invoer in de wereld (5,1%), was minder dan de groei van de invoer in Europa (4,0%).

Vergelijking met buren. De waarde van de invoer in Monaco was minder dan in Frankrijk (US$566,1 miljard) en in Italië (US$441,5 miljard). De waarde van de invoer per hoofd in Monaco was groter dan in Frankrijk (US$9,0 duizend) en in Italië (US$7,6 duizend). De groei van de invoer in Monaco was groter dan in Italië (1,7%); maar minder dan in Frankrijk (3,5%).

Vergelijking met leiders. De waarde van de invoer in Monaco was minder dan in de Verenigde Staten (US$1,9 biljoen), in Duitsland (US$914,7 miljard), in het Verenigd Koninkrijk (US$641,8 miljard), in China (US$641,1 miljard) en in Japan (US$566,4 miljard). De invoer per hoofd in Monaco was groter dan in Duitsland (US$11,2 duizend), in het Verenigd Koninkrijk (US$10,6 duizend), in de Verenigde Staten (US$6,4 duizend), in Japan (US$4,4 duizend) en in China (US$483,3). De groei van de invoer in Monaco was groter dan in Japan (1,8%); maar minder dan in China (15,1%), in Duitsland (3,7%), in het Verenigd Koninkrijk (3,1%) en in de Verenigde Staten (2,8%).

de jaren 2010

De invoer van Monaco bedroeg in de jaren 2010 US$2,0 miljard per jaar, stond op de 169e plaats in de wereld, en was vergelijkbaar met Swaziland (US$2,0 miljard), de Kaaimaneilanden (US$2,1 miljard). Het aandeel in de wereld was 0,0091%, en 0,024% in Europa.

Het aandeel van de invoer in het BBP van Monaco was 31,1% in de jaren 2010, stond op de 158e plaats in de wereld, en was vergelijkbaar met Zuid-Europa (31,1%), Frankrijk (31,0%), het Verenigd Koninkrijk (30,9%).

De invoer per hoofd in Monaco was $53.628,0 in de jaren 2010s, stond op de 7e plaats in de wereld. De waarde van de invoer per hoofd in Monaco was in 17,8 keer hoger dan de invoer per hoofd van de bevolking in de wereld ($3.015,6), en was in 4,8 keer hoger dan de invoer per hoofd van de bevolking in Europa ($3.015,6).

De groei van de invoer in Monaco bedroeg 7.1% in de jaren 2010, stond op de 36e plaats in de wereld, en was vergelijkbaar met de Centraal-Afrikaanse Republiek (7,0%). De groei van de invoer in Monaco (7,1%) was groter dan de groei van de invoer in de wereld (4,4%), was groter dan de groei van de invoer in Europa (4,3%).

Vergelijking met buren. De waarde van de invoer in Monaco was 414,6 keer minder dan in Frankrijk (US$831,9 miljard) en 280,2 keer minder dan in Italië (US$562,1 miljard). De waarde van de invoer per hoofd in Monaco was 4,3 keer groter dan in Frankrijk (US$12,5 duizend) en 5,7 keer groter dan in Italië (US$9,3 duizend). De groei van de invoer in Monaco was groter dan in Frankrijk (4,1%) en in Italië (2,3%).

Vergelijking met leiders. De waarde van de invoer in Monaco was 1.404,0 keer minder dan in de Verenigde Staten (US$2,8 biljoen), 1.031,2 keer minder dan in China (US$2,1 biljoen), 725,0 keer minder dan in Duitsland (US$1,5 biljoen), 437,5 keer minder dan in Japan (US$877,9 miljard) en 426,0 keer minder dan in het Verenigd Koninkrijk (US$854,8 miljard). De invoer per hoofd in Monaco was 3,0 keer groter dan in Duitsland (US$17,8 duizend), 4,1 keer groter dan in het Verenigd Koninkrijk (US$13,0 duizend), 6,1 keer groter dan in de Verenigde Staten (US$8,8 duizend), 7,8 keer groter dan in Japan (US$6,9 duizend) en 36,3 keer groter dan in China (US$1.475,4). De groei van de invoer in Monaco was groter dan in Duitsland (4,8%), in de Verenigde Staten (4,4%), in Japan (3,8%) en in het Verenigd Koninkrijk (3,6%); maar minder dan in China (8,2%).

Part IV. Verbruik

Hoofdstuk XI. Overheidsuitgaven

Consumptie-uitgaven van de overheid

De overheidsuitgaven van Monaco steeg van US$123,4 miljoen per jaar in de jaren 1970 tot US$1,5 miljard per jaar in de jaren 2010, dat wil zeggen met US$1,4 miljard of 12,4 keer. De verandering vond plaats op US$1,1 miljard als gevolg van een 3,6-voudige stijging van de prijzen, en ook op US$245,2 miljoen als gevolg van een 2,3-voudige toename van het tarief per hoofd , evenals op US$61,6 miljoen als gevolg van de toename van de bevolking. De gemiddelde jaarlijkse groei van de overheidsuitgaven is 3,5%. De minimumwaarde van de overheidsuitgaven bedroeg US$48,3 miljoen in 1970. De maximumwaarde van de overheidsuitgaven bedroeg US$1,7 miljard in 2019.

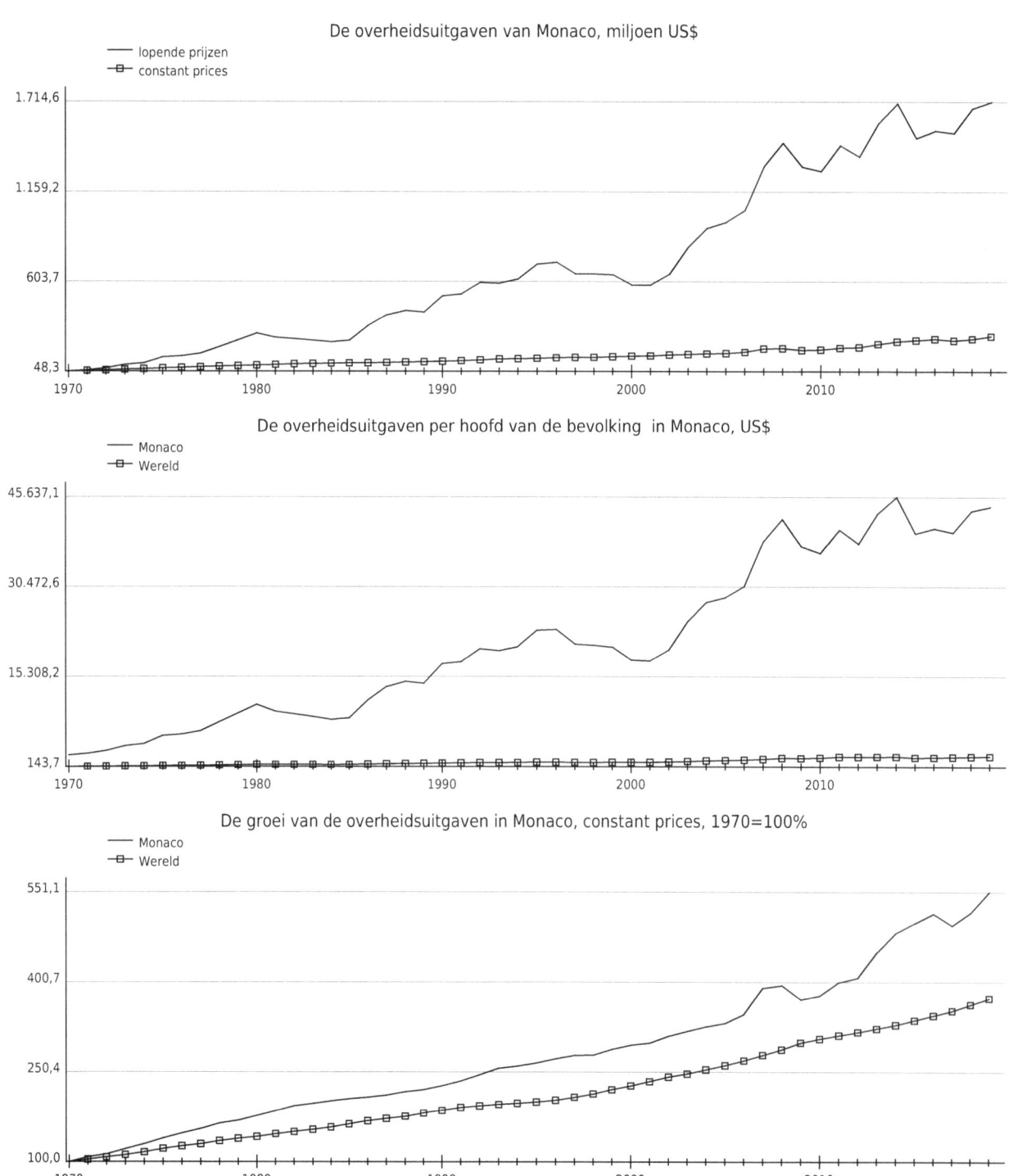

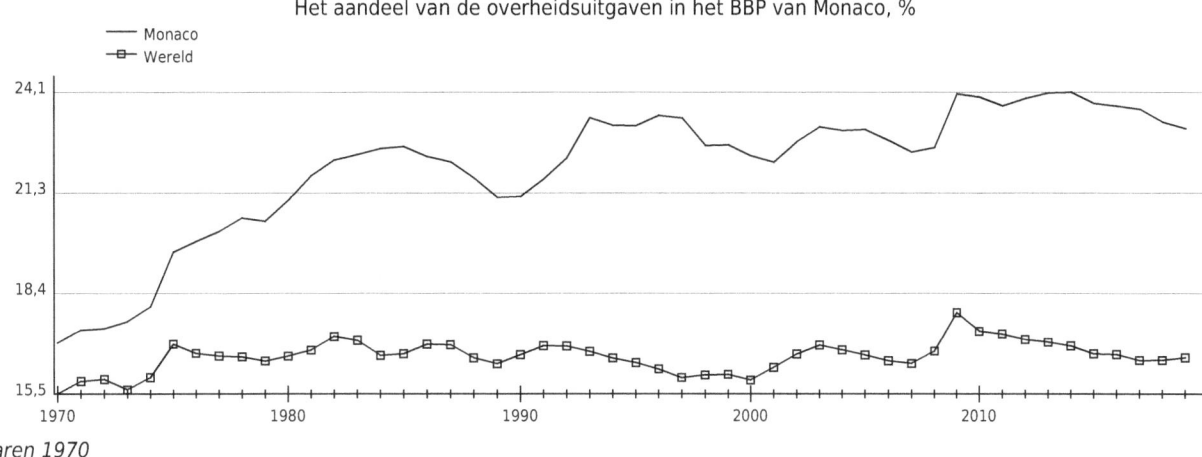

Het aandeel van de overheidsuitgaven in het BBP van Monaco, %

de jaren 1970

De overheidsuitgaven van Monaco bedroeg in de jaren 1970 US$123,4 miljoen per jaar, stond op de 118e plaats in de wereld, en was vergelijkbaar met Benin (US$122,4 miljoen). Het aandeel in de wereld was 0,012%, en 0,025% in Europa.

Het aandeel van de overheidsuitgaven in het BBP van Monaco was 19,3% in de jaren 1970, stond op de 56e plaats in de wereld, en was vergelijkbaar met Frankrijk (19,3%), Zimbabwe (19,3%).

De overheidsuitgaven per hoofd in Monaco was $4.943,6 in de jaren 1970s, stond op de 1e plaats in de wereld. De overheidsuitgaven per hoofd in Monaco was in 18,6 keer hoger dan de overheidsuitgaven per hoofd van de bevolking in de wereld ($265,2), en was in 7,3 keer hoger dan de overheidsuitgaven per hoofd van de bevolking in Europa ($265,2).

De groei van de overheidsuitgaven in Monaco bedroeg 6% in de jaren 1970, stond op de 82e plaats in de wereld, en was vergelijkbaar met Oost-Afrika (6,0%). De groei van de overheidsuitgaven in Monaco (6,0%) was groter dan de groei van de overheidsuitgaven in de wereld (3,7%), was groter dan de groei van de overheidsuitgaven in Europa (4,5%).

Vergelijking met buren. De overheidsuitgaven van Monaco was minder dan in Frankrijk (US$64,5 miljard) en in Italië (US$34,9 miljard). De overheidsuitgaven per hoofd in Monaco was groter dan in Frankrijk (US$1.202,3) en in Italië (US$634,2). De groei van de overheidsuitgaven in Monaco was groter dan in Frankrijk (5,0%) en in Italië (3,8%).

Vergelijking met leiders. De overheidsuitgaven van Monaco was minder dan in de Verenigde Staten (US$285,9 miljard), in de Sovjet-Unie (US$117,3 miljard), in Duitsland (US$95,6 miljard), in Japan (US$78,0 miljard) en in Frankrijk (US$64,5 miljard). De overheidsuitgaven per hoofd in Monaco was groter dan in de Verenigde Staten (US$1.310,2), in Duitsland (US$1.213,7), in Frankrijk (US$1.202,3), in Japan (US$700,2) en in de Sovjet-Unie (US$465,0). De groei van de overheidsuitgaven in Monaco was groter dan in Japan (5,3%), in Frankrijk (5,0%), in Duitsland (4,4%) en in de Verenigde Staten (0,94%); maar minder dan in de Sovjet-Unie (7,2%).

de jaren 1980

De overheidsuitgaven van Monaco bedroeg in de jaren 1980 US$305,8 miljoen per jaar, stond op de 115e plaats in de wereld, en was vergelijkbaar met El Salvador (US$304,2 miljoen), Botswana (US$310,3 miljoen). Het aandeel in de wereld was 0,012%, en 0,028% in Europa.

Het aandeel van de overheidsuitgaven in het BBP van Monaco was 21,9% in de jaren 1980, stond op de 44e plaats in de wereld, en was vergelijkbaar met Frankrijk (21,9%), Canada (21,8%).

De overheidsuitgaven per hoofd in Monaco was $10.777,7 in de jaren 1980s, stond op de 1e plaats in de wereld. De overheidsuitgaven per hoofd in Monaco was in 20,6 keer hoger dan de overheidsuitgaven per hoofd van de bevolking in de wereld ($523,5), en was in 7,7 keer hoger dan de overheidsuitgaven per hoofd van de bevolking in Europa ($523,5).

De groei van de overheidsuitgaven in Monaco bedroeg 2.7% in de jaren 1980, stond op de 108e plaats in de wereld, en was vergelijkbaar met Guinee (2,7%), de Wereld (2,7%). De groei van de overheidsuitgaven in Monaco (2,7%) was minder dan de groei van de overheidsuitgaven in de wereld (2,7%), was groter dan de groei van de overheidsuitgaven in Europa (2,3%).

Vergelijking met buren. De overheidsuitgaven van Monaco was minder dan in Frankrijk (US$159,8 miljard) en in Italië (US$108,8 miljard). De overheidsuitgaven per hoofd in Monaco was groter dan in Frankrijk (US$2,8 duizend) en in Italië (US$1.914,6). De groei van de overheidsuitgaven in Monaco was minder dan in Italië (2,9%) en in Frankrijk (2,8%).

Vergelijking met leiders. De overheidsuitgaven van Monaco was minder dan in de Verenigde Staten (US$665,3 miljard), in Japan (US$257,4 miljard), in Duitsland (US$203,7 miljard), in de Sovjet-Unie (US$181,1 miljard) en in Frankrijk (US$159,8 miljard). De overheidsuitgaven per hoofd in Monaco was groter dan in Frankrijk (US$2,8 duizend), in de Verenigde Staten (US$2,8 duizend), in Duitsland (US$2,6 duizend), in Japan (US$2,1 duizend) en in de Sovjet-Unie (US$658,0). De groei van de overheidsuitgaven in Monaco was groter dan in de Verenigde Staten (2,6%) en in Duitsland (0,98%); maar minder dan in de Sovjet-Unie (5,4%), in Japan (3,5%) en in Frankrijk (2,8%).

de jaren 1990

De overheidsuitgaven van Monaco bedroeg in de jaren 1990 US$622,8 miljoen per jaar, stond op de 123e plaats in de wereld, en was vergelijkbaar met Macau (US$635,1 miljoen). Het aandeel in de wereld was 0,013%, en 0,033% in Europa.

Het aandeel van de overheidsuitgaven in het BBP van Monaco was 22,7% in de jaren 1990, stond op de 39e plaats in de wereld, en was vergelijkbaar met Frankrijk (22,7%), de Centraal-Afrikaanse Republiek (22,7%), Kroatië (22,7%).

De overheidsuitgaven per hoofd in Monaco was $20.358,7 in de jaren 1990s, stond op de 1e plaats in de wereld. De overheidsuitgaven per hoofd in Monaco was in 24,7 keer hoger dan de overheidsuitgaven per hoofd van de bevolking in de wereld ($824,8), en was in 7,8 keer hoger dan de overheidsuitgaven per hoofd van de bevolking in Europa ($824,8).

De groei van de overheidsuitgaven in Monaco bedroeg 2.7% in de jaren 1990, stond op de 92e plaats in de wereld, en was vergelijkbaar met de Turks- en Caicoseilanden (2,7%), Puerto Rico (2,7%). De groei van de overheidsuitgaven in Monaco (2,7%) was groter dan de groei van de overheidsuitgaven in de wereld (2,0%), was groter dan de groei van de overheidsuitgaven in Europa (1,3%).

Vergelijking met buren. De overheidsuitgaven van Monaco was minder dan in Frankrijk (US$325,4 miljard) en in Italië (US$224,6 miljard). De overheidsuitgaven per hoofd in Monaco was groter dan in Frankrijk (US$5,5 duizend) en in Italië (US$3,9 duizend). De groei van de overheidsuitgaven in Monaco was groter dan in Frankrijk (1,8%) en in Italië (0,20%).

Vergelijking met leiders. De overheidsuitgaven van Monaco was minder dan in de Verenigde Staten (US$1,1 biljoen), in Japan (US$651,8 miljard), in Duitsland (US$419,6 miljard), in Frankrijk (US$325,4 miljard) en in het Verenigd Koninkrijk (US$234,6 miljard). De overheidsuitgaven per hoofd in Monaco was groter dan in Frankrijk (US$5,5 duizend), in Duitsland (US$5,2 duizend), in Japan (US$5,2 duizend), in de Verenigde Staten (US$4,3 duizend) en in het Verenigd Koninkrijk (US$4,1 duizend). De groei van de overheidsuitgaven in Monaco was groter dan in Duitsland (2,4%), in het Verenigd Koninkrijk (2,1%), in Frankrijk (1,8%) en in de Verenigde Staten (1,3%); maar minder dan in Japan (3,0%).

de jaren 2000

De overheidsuitgaven van Monaco bedroeg in de jaren 2000 US$966,7 miljoen per jaar, stond op de 126e plaats in de wereld, en was vergelijkbaar met de Bahama's (US$968,1 miljoen), Madagaskar (US$968,9 miljoen), Georgië (US$951,7 miljoen). Het aandeel in de wereld was 0,012%, en 0,032% in Europa.

Het aandeel van de overheidsuitgaven in het BBP van Monaco was 22,9% in de jaren 2000, stond op de 26e plaats in de wereld, en was vergelijkbaar met Frankrijk (22,9%), de Nederland (23,0%), Irak (22,7%).

De overheidsuitgaven per hoofd in Monaco was $28.707,5 in de jaren 2000s, stond op de 1e plaats in de wereld. De overheidsuitgaven per hoofd in Monaco was in 23,9 keer hoger dan de overheidsuitgaven per hoofd van de bevolking in de wereld ($1.200,9), en was in 6,9 keer hoger dan de overheidsuitgaven per hoofd van de bevolking in Europa ($1.200,9).

De groei van de overheidsuitgaven in Monaco bedroeg 2.6% in de jaren 2000, stond op de 134e plaats in de wereld, en was vergelijkbaar met de Comoren (2,6%). De groei van de overheidsuitgaven in Monaco (2,6%) was minder dan de groei van de overheidsuitgaven in de wereld (3,1%), was groter dan de groei van de overheidsuitgaven in Europa (2,1%).

Vergelijking met buren. De overheidsuitgaven van Monaco was minder dan in Frankrijk (US$479,9 miljard) en in Italië (US$338,4 miljard). De overheidsuitgaven per hoofd in Monaco was groter dan in Frankrijk (US$7,6 duizend) en in Italië (US$5,8 duizend). De groei van de overheidsuitgaven in Monaco was groter dan in Frankrijk (1,7%) en in Italië (1,4%).

Vergelijking met leiders. De overheidsuitgaven van Monaco was minder dan in de Verenigde Staten (US$1,9 biljoen), in Japan

(US$844,2 miljard), in Duitsland (US$520,1 miljard), in Frankrijk (US$479,9 miljard) en in het Verenigd Koninkrijk (US$453,4 miljard). De overheidsuitgaven per hoofd in Monaco was groter dan in Frankrijk (US$7,6 duizend), in het Verenigd Koninkrijk (US$7,5 duizend), in Japan (US$6,6 duizend), in de Verenigde Staten (US$6,5 duizend) en in Duitsland (US$6,4 duizend). De groei van de overheidsuitgaven in Monaco was groter dan in de Verenigde Staten (2,2%), in Japan (1,7%), in Frankrijk (1,7%) en in Duitsland (1,4%); maar minder dan in het Verenigd Koninkrijk (2,9%).

de jaren 2010

De overheidsuitgaven van Monaco bedroeg in de jaren 2010 US$1,5 miljard per jaar, stond op de 139e plaats in de wereld, en was vergelijkbaar met Mongolië (US$1,5 miljard). Het aandeel in de wereld was 0,012%, en 0,036% in Europa.

Het aandeel van de overheidsuitgaven in het BBP van Monaco was 23,7% in de jaren 2010, stond op de 26e plaats in de wereld, en was vergelijkbaar met Saoedi-Arabië (23,7%), Zuid-Soedan (23,7%), Frankrijk (23,7%).

De overheidsuitgaven per hoofd in Monaco was $40.959,0 in de jaren 2010s, stond op de 1e plaats in de wereld. De overheidsuitgaven per hoofd in Monaco was in 22,9 keer hoger dan de overheidsuitgaven per hoofd van de bevolking in de wereld ($1.785,1), en was in 7,2 keer hoger dan de overheidsuitgaven per hoofd van de bevolking in Europa ($1.785,1).

De groei van de overheidsuitgaven in Monaco bedroeg 4% in de jaren 2010, stond op de 66e plaats in de wereld, en was vergelijkbaar met Fiji (4,0%). De groei van de overheidsuitgaven in Monaco (4,0%) was groter dan de groei van de overheidsuitgaven in de wereld (2,3%), was groter dan de groei van de overheidsuitgaven in Europa (0,99%).

Vergelijking met buren. De overheidsuitgaven van Monaco was 416,2 keer minder dan in Frankrijk (US$637,9 miljard) en 261,0 keer minder dan in Italië (US$399,9 miljard). De overheidsuitgaven per hoofd in Monaco was 4,3 keer groter dan in Frankrijk (US$9,6 duizend) en 6,2 keer groter dan in Italië (US$6,6 duizend). De groei van de overheidsuitgaven in Monaco was groter dan in Frankrijk (1,3%) en in Italië (-0,49%).

Vergelijking met leiders. De overheidsuitgaven van Monaco was 1.731,4 keer minder dan in de Verenigde Staten (US$2,7 biljoen), 1.095,7 keer minder dan in China (US$1,7 biljoen), 680,6 keer minder dan in Japan (US$1,0 biljoen), 470,9 keer minder dan in Duitsland (US$721,6 miljard) en 416,2 keer minder dan in Frankrijk (US$637,9 miljard). De overheidsuitgaven per hoofd in Monaco was 4,3 keer groter dan in Frankrijk (US$9,6 duizend), 4,6 keer groter dan in Duitsland (US$8,8 duizend), 4,9 keer groter dan in de Verenigde Staten (US$8,3 duizend), 5,0 keer groter dan in Japan (US$8,2 duizend) en 34,2 keer groter dan in China (US$1.197,3). De groei van de overheidsuitgaven in Monaco was groter dan in Duitsland (1,9%), in Japan (1,3%), in Frankrijk (1,3%) en in de Verenigde Staten (0,0052%); maar minder dan in China (8,3%).

Hoofdstuk XII. Huishoudelijke uitgaven

Consumptieve bestedingen van de huishoudens

De huishoudelijke uitgaven van Monaco steeg van US$345,9 miljoen per jaar in de jaren 1970 tot US$3,5 miljard per jaar in de jaren 2010, dat wil zeggen met US$3,2 miljard of 10,1 keer. De verandering vond plaats op US$2,5 miljard als gevolg van een 3,6-voudige stijging van de prijzen, en ook op US$446,0 miljoen als gevolg van een 1,9-voudige toename van het tarief per hoofd , evenals op US$172,7 miljoen als gevolg van de toename van de bevolking. De gemiddelde jaarlijkse groei van de huishoudelijke uitgaven is 2,9%. De minimumwaarde van de huishoudelijke uitgaven bedroeg US$154,2 miljoen in 1970. De maximumwaarde van de huishoudelijke uitgaven bedroeg US$4,0 miljard in 2019.

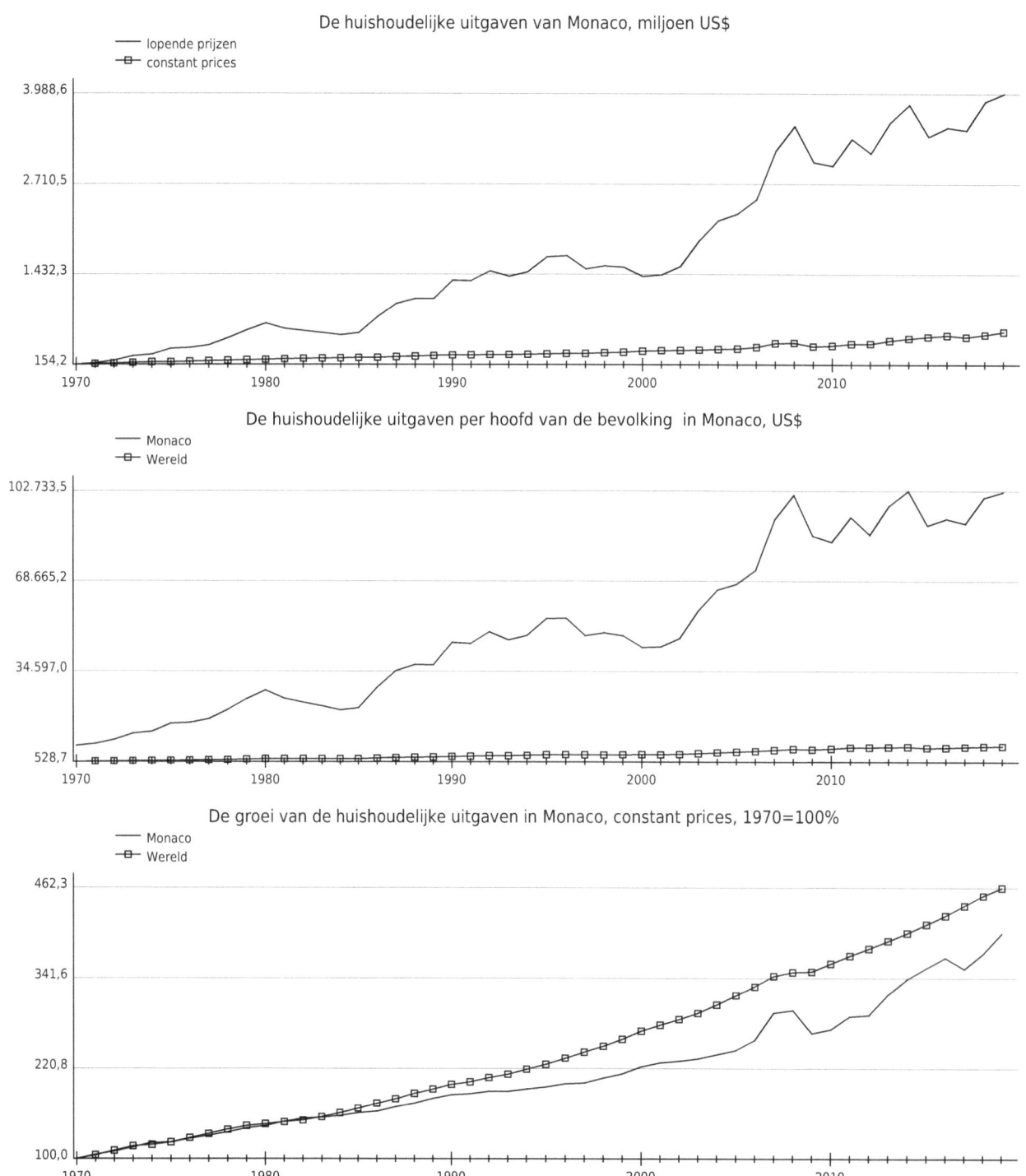

De huishoudelijke uitgaven van Monaco, miljoen US$

De huishoudelijke uitgaven per hoofd van de bevolking in Monaco, US$

De groei van de huishoudelijke uitgaven in Monaco, constant prices, 1970=100%

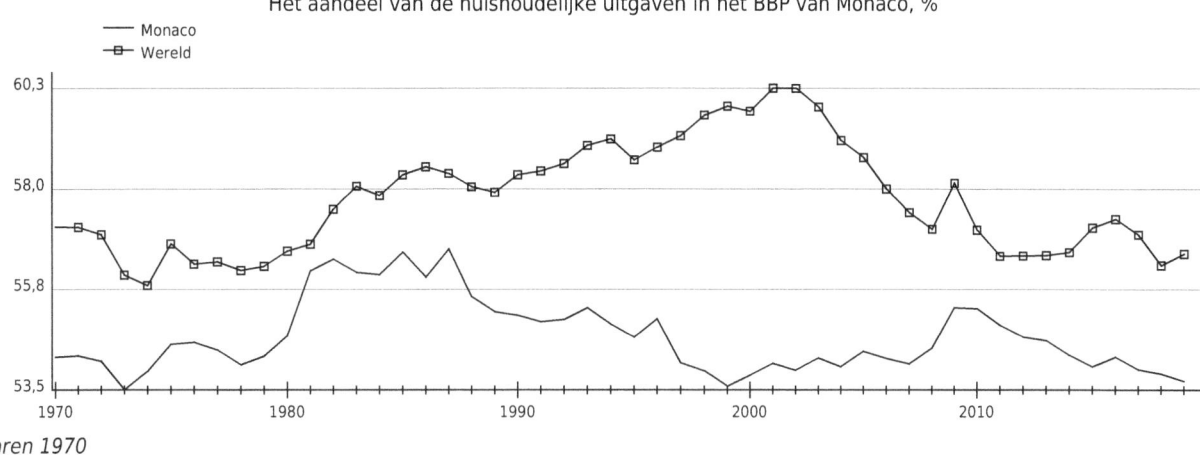

Het aandeel van de huishoudelijke uitgaven in het BBP van Monaco, %

de jaren 1970

De huishoudelijke uitgaven van Monaco bedroeg in de jaren 1970 US$345,9 miljoen per jaar, stond op de 135e plaats in de wereld, en was vergelijkbaar met Barbados (US$345,2 miljoen), Guinee-Bissau (US$341,5 miljoen), Burundi (US$352,1 miljoen). Het aandeel in de wereld was 0,0094%, en 0,023% in Europa.

Het aandeel van de huishoudelijke uitgaven in het BBP van Monaco was 54,2% in de jaren 1970, stond op de 136e plaats in de wereld, en was vergelijkbaar met Frankrijk (54,2%), Canada (54,2%), de Kaaimaneilanden (54,1%).

De huishoudelijke uitgaven per hoofd in Monaco was $13.860,8 in de jaren 1970s, stond op de 1e plaats in de wereld. De huishoudelijke uitgaven per hoofd in Monaco was in 15,2 keer hoger dan de huishoudelijke uitgaven per hoofd van de bevolking in de wereld ($914,8), en was in 6,8 keer hoger dan de huishoudelijke uitgaven per hoofd van de bevolking in Europa ($914,8).

De groei van de huishoudelijke uitgaven in Monaco bedroeg 3.9% in de jaren 1970, stond op de 106e plaats in de wereld, en was vergelijkbaar met Andorra (3,8%), Noorwegen (3,8%), Hongarije (3,9%). De groei van de huishoudelijke uitgaven in Monaco (3,9%) was minder dan de groei van de huishoudelijke uitgaven in de wereld (4,1%), was groter dan de groei van de huishoudelijke uitgaven in Europa (3,7%).

Vergelijking met buren. De huishoudelijke uitgaven van Monaco was minder dan in Frankrijk (US$180,7 miljard) en in Italië (US$128,5 miljard). De huishoudelijke uitgaven per hoofd in Monaco was groter dan in Frankrijk (US$3,4 duizend) en in Italië (US$2,3 duizend). De groei van de huishoudelijke uitgaven in Monaco was groter dan in Italië (3,7%); maar minder dan in Frankrijk (4,0%).

Vergelijking met leiders. De huishoudelijke uitgaven van Monaco was minder dan in de Verenigde Staten (US$1,0 biljoen), in de Sovjet-Unie (US$310,6 miljard), in Japan (US$280,9 miljard), in Duitsland (US$277,8 miljard) en in Frankrijk (US$180,7 miljard). De huishoudelijke uitgaven per hoofd in Monaco was groter dan in de Verenigde Staten (US$4,7 duizend), in Duitsland (US$3,5 duizend), in Frankrijk (US$3,4 duizend), in Japan (US$2,5 duizend) en in de Sovjet-Unie (US$1.231,6). De groei van de huishoudelijke uitgaven in Monaco was groter dan in de Verenigde Staten (3,6%) en in Duitsland (3,6%); maar minder dan in Japan (5,1%), in de Sovjet-Unie (4,7%) en in Frankrijk (4,0%).

de jaren 1980

De huishoudelijke uitgaven van Monaco bedroeg in de jaren 1980 US$781,0 miljoen per jaar, stond op de 134e plaats in de wereld, en was vergelijkbaar met Gambia (US$771,6 miljoen). Het aandeel in de wereld was 0,0089%, en 0,025% in Europa.

Het aandeel van de huishoudelijke uitgaven in het BBP van Monaco was 55,9% in de jaren 1980, stond op de 132e plaats in de wereld, en was vergelijkbaar met Frankrijk (55,9%), België (55,9%), Australië (56,0%).

De huishoudelijke uitgaven per hoofd in Monaco was $27.528,1 in de jaren 1980s, stond op de 1e plaats in de wereld. De huishoudelijke uitgaven per hoofd in Monaco was in 15,2 keer hoger dan de huishoudelijke uitgaven per hoofd van de bevolking in de wereld ($1.808,0), en was in 6,9 keer hoger dan de huishoudelijke uitgaven per hoofd van de bevolking in Europa ($1.808,0).

De groei van de huishoudelijke uitgaven in Monaco bedroeg 2.5% in de jaren 1980, stond op de 108e plaats in de wereld. De groei van de huishoudelijke uitgaven in Monaco (2,5%) was minder dan de groei van de huishoudelijke uitgaven in de wereld (3,0%), was groter dan de groei van de huishoudelijke uitgaven in Europa (2,3%).

Vergelijking met buren. De huishoudelijke uitgaven van Monaco was minder dan in Frankrijk (US$408,1 miljard) en in Italië (US$350,7 miljard). De huishoudelijke uitgaven per hoofd in Monaco was groter dan in Frankrijk (US$7,2 duizend) en in Italië (US$6,2 duizend). De groei van de huishoudelijke uitgaven in Monaco was groter dan in Frankrijk (2,3%); maar minder dan in Italië (3,0%).

Vergelijking met leiders. De huishoudelijke uitgaven van Monaco was minder dan in de Verenigde Staten (US$2,6 biljoen), in Japan (US$945,6 miljard), in Duitsland (US$575,7 miljard), in de Sovjet-Unie (US$424,6 miljard) en in het Verenigd Koninkrijk (US$416,5 miljard). De huishoudelijke uitgaven per hoofd in Monaco was groter dan in de Verenigde Staten (US$10,9 duizend), in Japan (US$7,8 duizend), in Duitsland (US$7,4 duizend), in het Verenigd Koninkrijk (US$7,4 duizend) en in de Sovjet-Unie (US$1.542,8). De groei van de huishoudelijke uitgaven in Monaco was groter dan in Duitsland (1,8%); maar minder dan in Japan (3,7%), in het Verenigd Koninkrijk (3,5%), in de Verenigde Staten (3,2%) en in de Sovjet-Unie (3,0%).

de jaren 1990

De huishoudelijke uitgaven van Monaco bedroeg in de jaren 1990 US$1,5 miljard per jaar, stond op de 148e plaats in de wereld, en was vergelijkbaar met Moldavië (US$1,5 miljard). Het aandeel in de wereld was 0,0089%, en 0,027% in Europa.

Het aandeel van de huishoudelijke uitgaven in het BBP van Monaco was 54,7% in de jaren 1990, stond op de 155e plaats in de wereld, en was vergelijkbaar met Frankrijk (54,7%), Iran (54,6%), Polynesië (54,9%).

De huishoudelijke uitgaven per hoofd in Monaco was $48.987,8 in de jaren 1990s, stond op de 1e plaats in de wereld. De huishoudelijke uitgaven per hoofd in Monaco was in 16,5 keer hoger dan de huishoudelijke uitgaven per hoofd van de bevolking in de wereld ($2.963,9), en was in 6,4 keer hoger dan de huishoudelijke uitgaven per hoofd van de bevolking in Europa ($2.963,9).

De groei van de huishoudelijke uitgaven in Monaco bedroeg 1.7% in de jaren 1990, stond op de 144e plaats in de wereld, en was vergelijkbaar met Italië (1,7%), Namibië (1,7%). De groei van de huishoudelijke uitgaven in Monaco (1,7%) was minder dan de groei van de huishoudelijke uitgaven in de wereld (3,0%), was minder dan de groei van de huishoudelijke uitgaven in Europa (1,8%).

Vergelijking met buren. De huishoudelijke uitgaven van Monaco was minder dan in Frankrijk (US$783,0 miljard) en in Italië (US$715,6 miljard). De huishoudelijke uitgaven per hoofd in Monaco was groter dan in Frankrijk (US$13,2 duizend) en in Italië (US$12,5 duizend). De groei van de huishoudelijke uitgaven in Monaco was groter dan in Italië (1,7%); maar minder dan in Frankrijk (1,8%).

Vergelijking met leiders. De huishoudelijke uitgaven van Monaco was minder dan in de Verenigde Staten (US$4,9 biljoen), in Japan (US$2,3 biljoen), in Duitsland (US$1,2 biljoen), in het Verenigd Koninkrijk (US$884,5 miljard) en in Frankrijk (US$783,0 miljard). De huishoudelijke uitgaven per hoofd in Monaco was groter dan in de Verenigde Staten (US$18,5 duizend), in Japan (US$18,2 duizend), in het Verenigd Koninkrijk (US$15,3 duizend), in Duitsland (US$15,2 duizend) en in Frankrijk (US$13,2 duizend). De groei van de huishoudelijke uitgaven in Monaco was minder dan in de Verenigde Staten (3,4%), in het Verenigd Koninkrijk (2,8%), in Duitsland (2,1%), in Japan (1,8%) en in Frankrijk (1,8%).

de jaren 2000

De huishoudelijke uitgaven van Monaco bedroeg in de jaren 2000 US$2,3 miljard per jaar, stond op de 149e plaats in de wereld, en was vergelijkbaar met Kirgizië (US$2,3 miljard), Congo-Brazzaville (US$2,3 miljard). Het aandeel in de wereld was 0,0084%, en 0,026% in Europa.

Het aandeel van de huishoudelijke uitgaven in het BBP van Monaco was 54,4% in de jaren 2000, stond op de 155e plaats in de wereld, en was vergelijkbaar met Frankrijk (54,3%), Thailand (54,4%), Hongarije (54,3%).

De huishoudelijke uitgaven per hoofd in Monaco was $68.206,4 in de jaren 2000s, stond op de 1e plaats in de wereld. De huishoudelijke uitgaven per hoofd in Monaco was in 16,2 keer hoger dan de huishoudelijke uitgaven per hoofd van de bevolking in de wereld ($4.208,2), en was in 5,7 keer hoger dan de huishoudelijke uitgaven per hoofd van de bevolking in Europa ($4.208,2).

De groei van de huishoudelijke uitgaven in Monaco bedroeg 2.3% in de jaren 2000, stond op de 160e plaats in de wereld, en was vergelijkbaar met Hongarije (2,3%), Noord-Europa (2,3%), Melanesië (2,3%). De groei van de huishoudelijke uitgaven in Monaco (2,3%) was minder dan de groei van de huishoudelijke uitgaven in de wereld (3,0%), was groter dan de groei van de huishoudelijke uitgaven in Europa (2,0%).

Vergelijking met buren. De huishoudelijke uitgaven van Monaco was minder dan in Frankrijk (US$1,1 biljoen) en in Italië (US$1,0 biljoen). De huishoudelijke uitgaven per hoofd in Monaco was groter dan in Frankrijk (US$18,1 duizend) en in Italië (US$18,0 duizend). De groei van de huishoudelijke uitgaven in Monaco was groter dan in Frankrijk (2,0%) en in Italië (0,61%).

Vergelijking met leiders. De huishoudelijke uitgaven van Monaco was minder dan in de Verenigde Staten (US$8,5 biljoen), in Japan (US$2,6 biljoen), in Duitsland (US$1,5 biljoen), in het Verenigd Koninkrijk (US$1,5 biljoen) en in Frankrijk (US$1,1 biljoen). De huishoudelijke uitgaven per hoofd in Monaco was groter dan in de Verenigde Staten (US$28,8 duizend), in het Verenigd Koninkrijk (US$25,0 duizend), in Japan (US$20,4 duizend), in Duitsland (US$18,9 duizend) en in Frankrijk (US$18,1 duizend). De groei van de huishoudelijke uitgaven in Monaco was groter dan in het Verenigd Koninkrijk (2,1%), in Frankrijk (2,0%), in Japan (0,81%) en in Duitsland (0,46%); maar minder dan in de Verenigde Staten (2,4%).

de jaren 2010

De huishoudelijke uitgaven van Monaco bedroeg in de jaren 2010 US$3,5 miljard per jaar, stond op de 158e plaats in de wereld, en was vergelijkbaar met Montenegro (US$3,6 miljard). Het aandeel in de wereld was 0,0080%, en 0,030% in Europa.

Het aandeel van de huishoudelijke uitgaven in het BBP van Monaco was 54,4% in de jaren 2010, stond op de 154e plaats in de wereld, en was vergelijkbaar met Frankrijk (54,4%), Oost-Europa (54,5%), Slovenië (54,6%).

De huishoudelijke uitgaven per hoofd in Monaco was $93.812,2 in de jaren 2010s, stond op de 1e plaats in de wereld. De huishoudelijke uitgaven per hoofd in Monaco was in 15,6 keer hoger dan de huishoudelijke uitgaven per hoofd van de bevolking in de wereld ($6.018,5), en was in 6,0 keer hoger dan de huishoudelijke uitgaven per hoofd van de bevolking in Europa ($6.018,5).

De groei van de huishoudelijke uitgaven in Monaco bedroeg 4.1% in de jaren 2010, stond op de 69e plaats in de wereld, en was vergelijkbaar met de Salomonseilanden (4,1%), Cuba (4,1%), Marokko (4,2%). De groei van de huishoudelijke uitgaven in Monaco (4,1%) was groter dan de groei van de huishoudelijke uitgaven in de wereld (2,8%), was groter dan de groei van de huishoudelijke uitgaven in Europa (1,3%).

Vergelijking met buren. De huishoudelijke uitgaven van Monaco was 416,3 keer minder dan in Frankrijk (US$1,5 biljoen) en 355,5 keer minder dan in Italië (US$1,2 biljoen). De huishoudelijke uitgaven per hoofd in Monaco was 4,3 keer groter dan in Frankrijk (US$22,0 duizend) en 4,5 keer groter dan in Italië (US$20,7 duizend). De groei van de huishoudelijke uitgaven in Monaco was groter dan in Frankrijk (1,1%) en in Italië (0,099%).

Vergelijking met leiders. De huishoudelijke uitgaven van Monaco was 3.473,6 keer minder dan in de Verenigde Staten (US$12,2 biljoen), 1.119,5 keer minder dan in China (US$3,9 biljoen), 851,1 keer minder dan in Japan (US$3,0 biljoen), 558,0 keer minder dan in Duitsland (US$2,0 biljoen) en 507,7 keer minder dan in het Verenigd Koninkrijk (US$1,8 biljoen). De huishoudelijke uitgaven per hoofd in Monaco was 2,5 keer groter dan in de Verenigde Staten (US$38,2 duizend), 3,5 keer groter dan in het Verenigd Koninkrijk (US$27,2 duizend), 3,9 keer groter dan in Duitsland (US$23,9 duizend), 4,0 keer groter dan in Japan (US$23,4 duizend) en 33,5 keer groter dan in China (US$2,8 duizend). De groei van de huishoudelijke uitgaven in Monaco was groter dan in de Verenigde Staten (2,4%), in het Verenigd Koninkrijk (1,8%), in Duitsland (1,4%) en in Japan (0,64%); maar minder dan in China (8,3%).

Part V. Reproductie

Index van Koesjnir, (-) consumptie - (+) reproductie

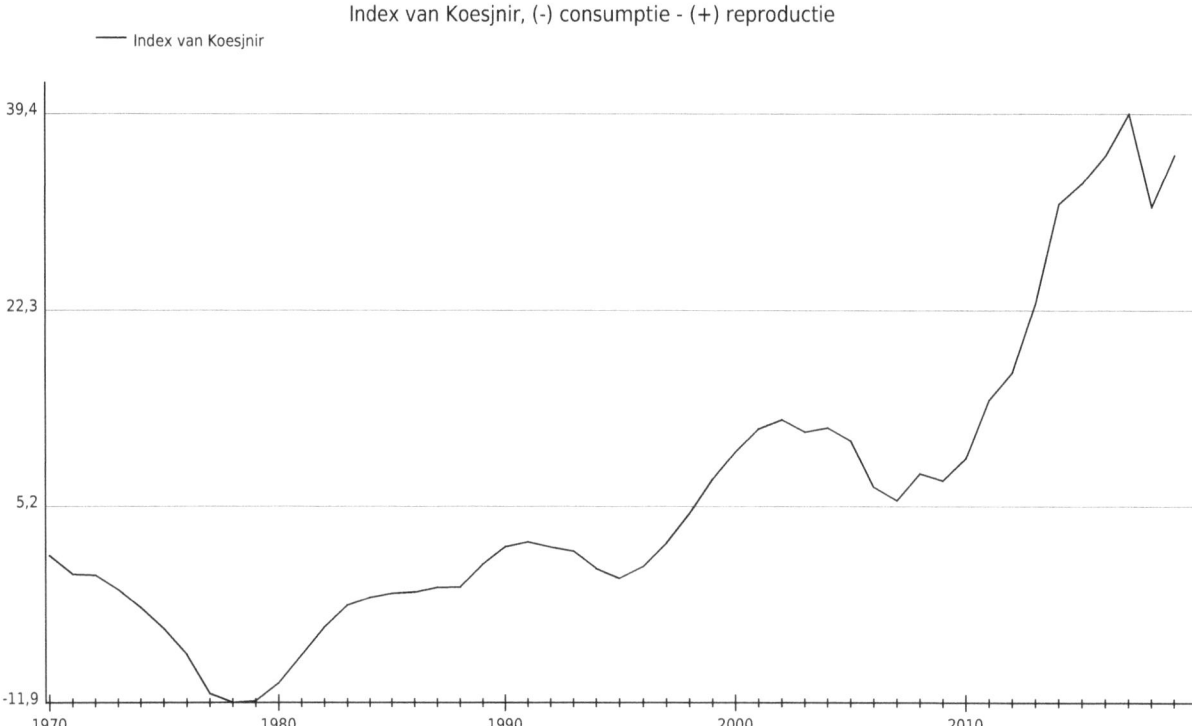

Hoofdstuk XIII. Bruto-investeringen in vaste activa

De investeringen in vaste activa van Monaco steeg van US$158,6 miljoen per jaar in de jaren 1970 tot US$1,4 miljard per jaar in de jaren 2010, dat wil zeggen met US$1,3 miljard of 9,1 keer. De verandering vond plaats op US$1,1 miljard als gevolg van een 3,7-voudige stijging van de prijzen, en ook op US$154,1 miljoen als gevolg van een 1,6-voudige toename van het tarief per hoofd, evenals op US$79,2 miljoen als gevolg van de toename van de bevolking. De gemiddelde jaarlijkse groei van de investeringen in vaste activa is 2,7%. De minimumwaarde van de investeringen in vaste activa bedroeg US$72,9 miljoen in 1970. De maximumwaarde van de investeringen in vaste activa bedroeg US$1,8 miljard in 2019.

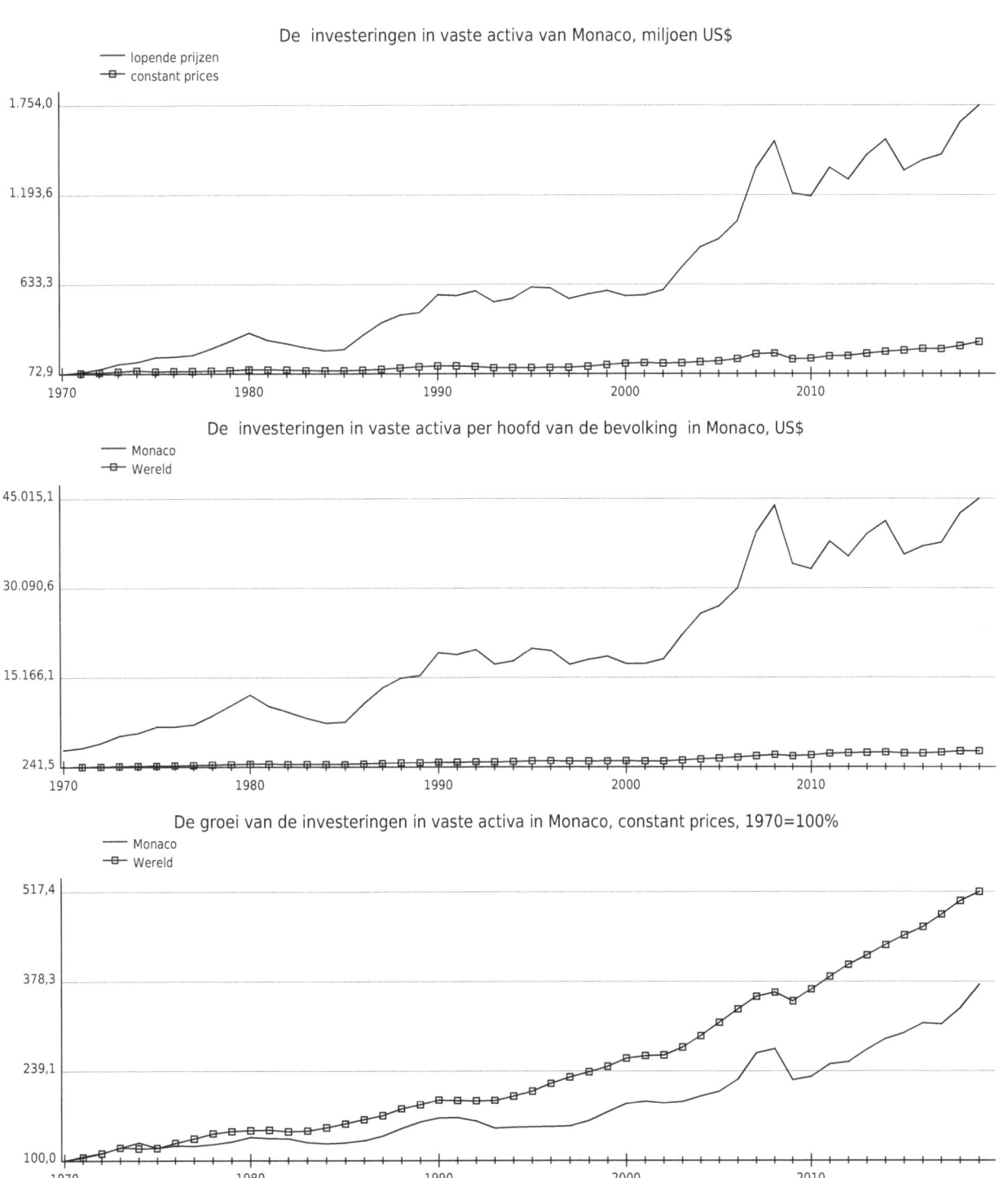

De investeringen in vaste activa van Monaco, miljoen US$

De investeringen in vaste activa per hoofd van de bevolking in Monaco, US$

De groei van de investeringen in vaste activa in Monaco, constant prices, 1970=100%

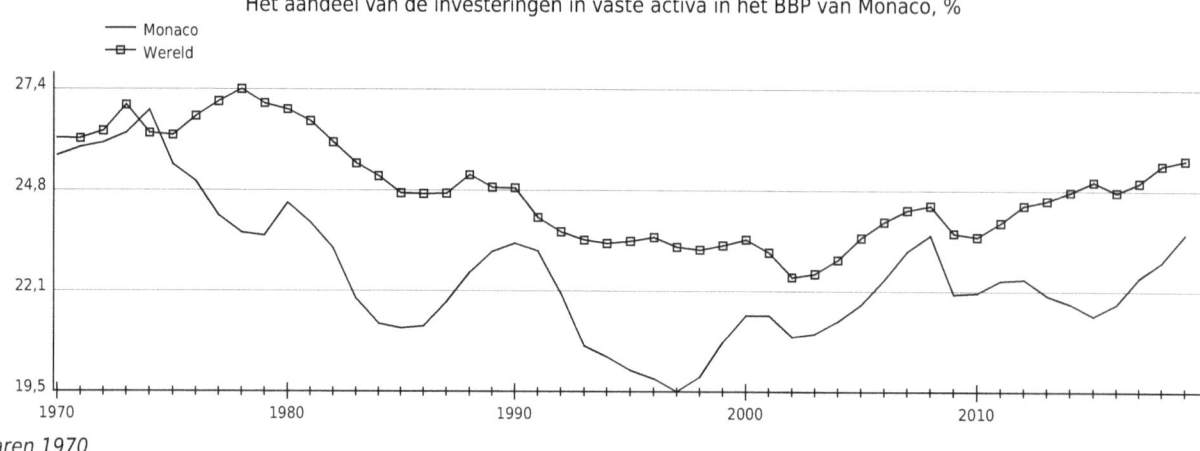

Het aandeel van de investeringen in vaste activa in het BBP van Monaco, %

de jaren 1970

De bruto-investeringen in vaste activa van Monaco bedroeg in de jaren 1970 US$158,6 miljoen per jaar, stond op de 118e plaats in de wereld, en was vergelijkbaar met Liberia (US$158,1 miljoen), Haïti (US$155,7 miljoen). Het aandeel in de wereld was 0,0091%, en 0,021% in Europa.

Het aandeel van de investeringen in vaste activa in het BBP van Monaco was 24,9% in de jaren 1970, stond op de 77e plaats in de wereld, en was vergelijkbaar met Frankrijk (24,9%), Marokko (24,8%), Nieuw-Zeeland (24,8%).

De investeringen in vaste activa per hoofd in Monaco was $6.354,3 in de jaren 1970s, stond op de 2e plaats in de wereld. De bruto-investeringen in vaste activa per hoofd in Monaco was in 14,7 keer hoger dan de investeringen in vaste activa per hoofd van de bevolking in de wereld ($433,5), en was in 6,2 keer hoger dan de investeringen in vaste activa per hoofd van de bevolking in Europa ($433,5).

De groei van de investeringen in vaste activa in Monaco bedroeg 2.9% in de jaren 1970, stond op de 139e plaats in de wereld, en was vergelijkbaar met Saint Vincent en de Grenadines (2,9%), Laos (2,9%). De groei van de investeringen in vaste activa in Monaco (2,9%) was minder dan de groei van de investeringen in vaste activa in de wereld (4,2%), was groter dan de groei van de investeringen in vaste activa in Europa (2,4%).

Vergelijking met buren. De bruto-investeringen in vaste activa van Monaco was minder dan in Frankrijk (US$82,9 miljard) en in Italië (US$54,6 miljard). De bruto-investeringen in vaste activa per hoofd in Monaco was groter dan in Frankrijk (US$1.545,4) en in Italië (US$993,3). De groei van de investeringen in vaste activa in Monaco was groter dan in Frankrijk (2,7%) en in Italië (2,2%).

Vergelijking met leiders. De investeringen in vaste activa van Monaco was minder dan in de Verenigde Staten (US$381,9 miljard), in de Sovjet-Unie (US$214,6 miljard), in Japan (US$191,6 miljard), in Duitsland (US$125,8 miljard) en in Frankrijk (US$82,9 miljard). De bruto-investeringen in vaste activa per hoofd in Monaco was groter dan in de Verenigde Staten (US$1.750,0), in Japan (US$1.720,7), in Duitsland (US$1.597,2), in Frankrijk (US$1.545,4) en in de Sovjet-Unie (US$850,9). De groei van de investeringen in vaste activa in Monaco was groter dan in Frankrijk (2,7%) en in Duitsland (1,5%); maar minder dan in de Verenigde Staten (4,4%), in Japan (3,9%) en in de Sovjet-Unie (3,2%).

de jaren 1980

De investeringen in vaste activa van Monaco bedroeg in de jaren 1980 US$314,5 miljoen per jaar, stond op de 122e plaats in de wereld, en was vergelijkbaar met Mauritius (US$314,2 miljoen). Het aandeel in de wereld was 0,0082%, en 0,023% in Europa.

Het aandeel van de investeringen in vaste activa in het BBP van Monaco was 22,5% in de jaren 1980, stond op de 82e plaats in de wereld, en was vergelijkbaar met Frankrijk (22,5%), het Verenigd Koninkrijk (22,5%), de Nederland (22,5%).

De investeringen in vaste activa per hoofd in Monaco was $11.085,6 in de jaren 1980s, stond op de 1e plaats in de wereld. De investeringen in vaste activa per hoofd in Monaco was in 14,0 keer hoger dan de investeringen in vaste activa per hoofd van de bevolking in de wereld ($790,9), en was in 6,3 keer hoger dan de investeringen in vaste activa per hoofd van de bevolking in Europa ($790,9).

De groei van de investeringen in vaste activa in Monaco bedroeg 2.2% in de jaren 1980, stond op de 102e plaats in de wereld. De groei van de investeringen in vaste activa in Monaco (2,2%) was minder dan de groei van de investeringen in vaste activa in de wereld

(2,5%), was minder dan de groei van de investeringen in vaste activa in Europa (2,2%).

Vergelijking met buren. De bruto-investeringen in vaste activa van Monaco was minder dan in Frankrijk (US$164,3 miljard) en in Italië (US$135,7 miljard). De investeringen in vaste activa per hoofd in Monaco was groter dan in Frankrijk (US$2,9 duizend) en in Italië (US$2,4 duizend). De groei van de investeringen in vaste activa in Monaco was minder dan in Frankrijk (2,4%) en in Italië (2,4%).

Vergelijking met leiders. De investeringen in vaste activa van Monaco was minder dan in de Verenigde Staten (US$958,4 miljard), in Japan (US$571,7 miljard), in de Sovjet-Unie (US$271,0 miljard), in Duitsland (US$238,1 miljard) en in Frankrijk (US$164,3 miljard). De investeringen in vaste activa per hoofd in Monaco was groter dan in Japan (US$4,7 duizend), in de Verenigde Staten (US$4,0 duizend), in Duitsland (US$3,1 duizend), in Frankrijk (US$2,9 duizend) en in de Sovjet-Unie (US$984,8). De groei van de investeringen in vaste activa in Monaco was groter dan in de Sovjet-Unie (1,7%) en in Duitsland (1,4%); maar minder dan in Japan (4,8%), in de Verenigde Staten (3,1%) en in Frankrijk (2,4%).

de jaren 1990

De bruto-investeringen in vaste activa van Monaco bedroeg in de jaren 1990 US$572,7 miljoen per jaar, stond op de 137e plaats in de wereld, en was vergelijkbaar met Zambia (US$577,9 miljoen), Guinee (US$583,6 miljoen), Mozambique (US$560,6 miljoen). Het aandeel in de wereld was 0,0085%, en 0,027% in Europa.

Het aandeel van de investeringen in vaste activa in het BBP van Monaco was 20,9% in de jaren 1990, stond op de 116e plaats in de wereld, en was vergelijkbaar met Frankrijk (20,9%), Nieuw-Zeeland (20,9%), Benin (20,8%).

De investeringen in vaste activa per hoofd in Monaco was $18.723,6 in de jaren 1990s, stond op de 2e plaats in de wereld. De investeringen in vaste activa per hoofd in Monaco was in 15,8 keer hoger dan de investeringen in vaste activa per hoofd van de bevolking in de wereld ($1.183,8), en was in 6,3 keer hoger dan de investeringen in vaste activa per hoofd van de bevolking in Europa ($1.183,8).

De groei van de investeringen in vaste activa in Monaco bedroeg 0.9% in de jaren 1990, stond op de 143e plaats in de wereld. De groei van de investeringen in vaste activa in Monaco (0,92%) was minder dan de groei van de investeringen in vaste activa in de wereld (2,8%), was groter dan de groei van de investeringen in vaste activa in Europa (0,024%).

Vergelijking met buren. De bruto-investeringen in vaste activa van Monaco was minder dan in Frankrijk (US$299,3 miljard) en in Italië (US$243,3 miljard). De bruto-investeringen in vaste activa per hoofd in Monaco was groter dan in Frankrijk (US$5,0 duizend) en in Italië (US$4,3 duizend). De groei van de investeringen in vaste activa in Monaco was minder dan in Frankrijk (1,5%) en in Italië (1,2%).

Vergelijking met leiders. De bruto-investeringen in vaste activa van Monaco was minder dan in de Verenigde Staten (US$1,6 biljoen), in Japan (US$1,3 biljoen), in Duitsland (US$520,7 miljard), in Frankrijk (US$299,3 miljard) en in het Verenigd Koninkrijk (US$250,0 miljard). De bruto-investeringen in vaste activa per hoofd in Monaco was groter dan in Japan (US$10,4 duizend), in Duitsland (US$6,5 duizend), in de Verenigde Staten (US$6,1 duizend), in Frankrijk (US$5,0 duizend) en in het Verenigd Koninkrijk (US$4,3 duizend). De groei van de investeringen in vaste activa in Monaco was groter dan in Japan (0,18%); maar minder dan in de Verenigde Staten (4,8%), in Duitsland (2,4%), in het Verenigd Koninkrijk (1,7%) en in Frankrijk (1,5%).

de jaren 2000

De bruto-investeringen in vaste activa van Monaco bedroeg in de jaren 2000 US$937,0 miljoen per jaar, stond op de 149e plaats in de wereld, en was vergelijkbaar met Suriname (US$958,7 miljoen), Laos (US$960,2 miljoen), Guinee (US$960,8 miljoen). Het aandeel in de wereld was 0,0085%, en 0,028% in Europa.

Het aandeel van de investeringen in vaste activa in het BBP van Monaco was 22,2% in de jaren 2000, stond op de 121e plaats in de wereld, en was vergelijkbaar met Kirgizië (22,2%), Venezuela (22,1%), Frankrijk (22,1%).

De bruto-investeringen in vaste activa per hoofd in Monaco was $27.825,7 in de jaren 2000s, stond op de 2e plaats in de wereld. De bruto-investeringen in vaste activa per hoofd in Monaco was in 16,5 keer hoger dan de investeringen in vaste activa per hoofd van de bevolking in de wereld ($1.690,7), en was in 6,1 keer hoger dan de investeringen in vaste activa per hoofd van de bevolking in Europa ($1.690,7).

De groei van de investeringen in vaste activa in Monaco bedroeg 2.5% in de jaren 2000, stond op de 132e plaats in de wereld, en was vergelijkbaar met Uruguay (2,5%), Hongarije (2,5%). De groei van de investeringen in vaste activa in Monaco (2,5%) was minder dan de groei van de investeringen in vaste activa in de wereld (3,5%), was groter dan de groei van de investeringen in vaste activa in

Europa (1,6%).

Vergelijking met buren. De bruto-investeringen in vaste activa van Monaco was minder dan in Frankrijk (US$463,9 miljard) en in Italië (US$371,8 miljard). De bruto-investeringen in vaste activa per hoofd in Monaco was groter dan in Frankrijk (US$7,4 duizend) en in Italië (US$6,4 duizend). De groei van de investeringen in vaste activa in Monaco was groter dan in Frankrijk (1,6%) en in Italië (0,59%).

Vergelijking met leiders. De bruto-investeringen in vaste activa van Monaco was minder dan in de Verenigde Staten (US$2,8 biljoen), in Japan (US$1,2 biljoen), in China (US$1,0 biljoen), in Duitsland (US$557,7 miljard) en in Frankrijk (US$463,9 miljard). De investeringen in vaste activa per hoofd in Monaco was groter dan in de Verenigde Staten (US$9,4 duizend), in Japan (US$9,0 duizend), in Frankrijk (US$7,4 duizend), in Duitsland (US$6,9 duizend) en in China (US$782,2). De groei van de investeringen in vaste activa in Monaco was groter dan in Frankrijk (1,6%), in de Verenigde Staten (0,43%), in Duitsland (-0,56%) en in Japan (-2,0%); maar minder dan in China (13,4%).

de jaren 2010

De investeringen in vaste activa van Monaco bedroeg in de jaren 2010 US$1,4 miljard per jaar, stond op de 154e plaats in de wereld. Het aandeel in de wereld was 0,0075%, en 0,034% in Europa.

Het aandeel van de investeringen in vaste activa in het BBP van Monaco was 22,3% in de jaren 2010, stond op de 112e plaats in de wereld, en was vergelijkbaar met Frankrijk (22,3%), Aruba (22,4%), Hongkong (22,3%).

De bruto-investeringen in vaste activa per hoofd in Monaco was $38.565,9 in de jaren 2010s, stond op de 2e plaats in de wereld. De investeringen in vaste activa per hoofd in Monaco was in 14,7 keer hoger dan de investeringen in vaste activa per hoofd van de bevolking in de wereld ($2.621,1), en was in 6,7 keer hoger dan de investeringen in vaste activa per hoofd van de bevolking in Europa ($2.621,1).

De groei van de investeringen in vaste activa in Monaco bedroeg 5.2% in de jaren 2010, stond op de 69e plaats in de wereld, en was vergelijkbaar met Montenegro (5,1%), Nieuw-Zeeland (5,2%). De groei van de investeringen in vaste activa in Monaco (5,2%) was groter dan de groei van de investeringen in vaste activa in de wereld (4,1%), was groter dan de groei van de investeringen in vaste activa in Europa (2,2%).

Vergelijking met buren. De bruto-investeringen in vaste activa van Monaco was 415,7 keer minder dan in Frankrijk (US$599,8 miljard) en 258,0 keer minder dan in Italië (US$372,2 miljard). De bruto-investeringen in vaste activa per hoofd in Monaco was 4,3 keer groter dan in Frankrijk (US$9,0 duizend) en 6,2 keer groter dan in Italië (US$6,2 duizend). De groei van de investeringen in vaste activa in Monaco was groter dan in Frankrijk (1,9%) en in Italië (-0,72%).

Vergelijking met leiders. De bruto-investeringen in vaste activa van Monaco was 3.134,4 keer minder dan in China (US$4,5 biljoen), 2.494,2 keer minder dan in de Verenigde Staten (US$3,6 biljoen), 838,7 keer minder dan in Japan (US$1,2 biljoen), 521,5 keer minder dan in Duitsland (US$752,5 miljard) en 482,9 keer minder dan in India (US$696,8 miljard). De bruto-investeringen in vaste activa per hoofd in Monaco was 3,4 keer groter dan in de Verenigde Staten (US$11,3 duizend), 4,1 keer groter dan in Japan (US$9,5 duizend), 4,2 keer groter dan in Duitsland (US$9,2 duizend), 12,0 keer groter dan in China (US$3,2 duizend) en 72,1 keer groter dan in India (US$535,2). De groei van de investeringen in vaste activa in Monaco was groter dan in de Verenigde Staten (3,8%), in Duitsland (2,8%) en in Japan (1,8%); maar minder dan in China (8,0%) en in India (5,8%).